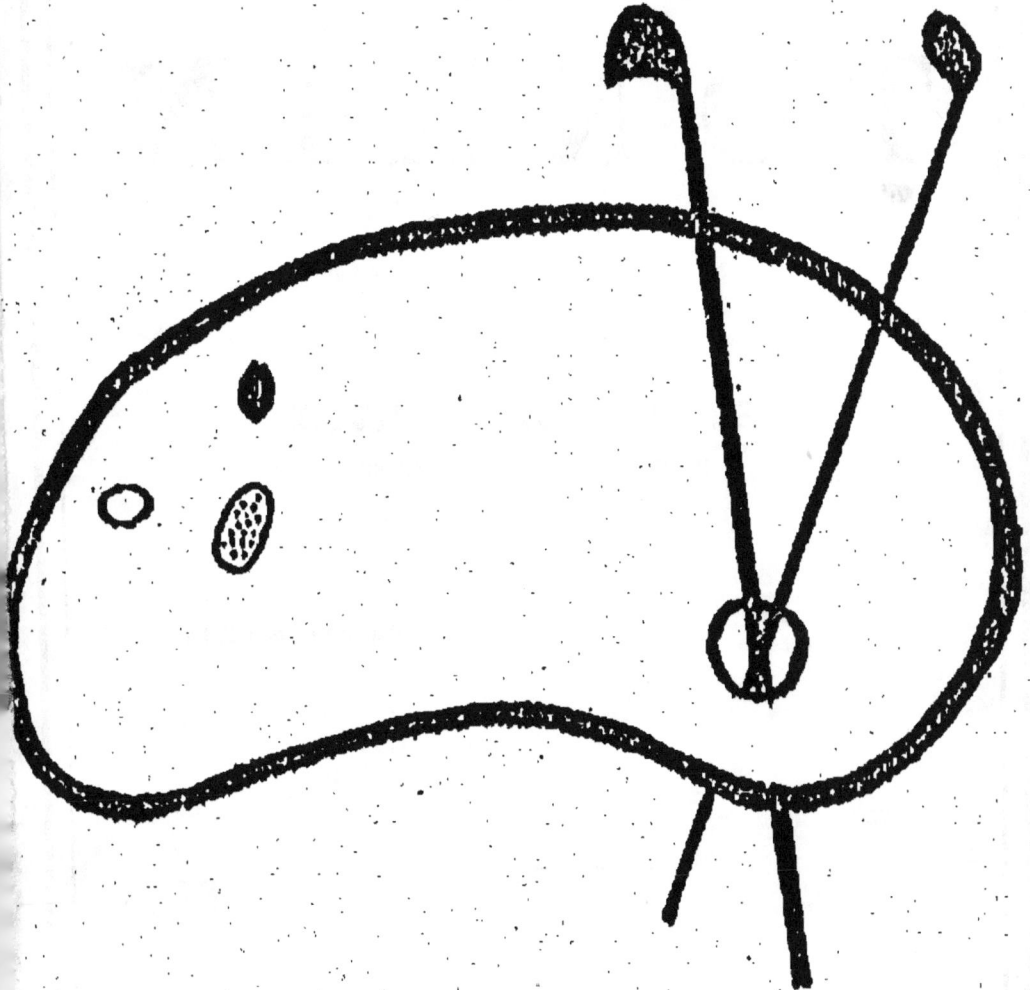

COUVERTURE SUPERIEURE ET INFERIEURE
EN COULEUR

AU
TONKIN

—

PAR LE DOCTEUR

CHALLAN DE BELVAL

MÉDECIN PRINCIPAL D'ARMÉE

Je dis seulement ce que j'ai vu

—

PARIS

A. DELAHAYE ET E. LECROSNIER, ÉDITEURS

PLACE DE L'ÉCOLE-DE-MÉDECINE

1886

AU

TONKIN

Châteauroux. — Typ. et Stéréotyp. A. MAJESTÉ.

AU
TONKIN

PAR LE DOCTEUR

CHALLAN DE BELVAL

MÉDECIN PRINCIPAL D'ARMÉE

Je dis seulement ce que j'ai vu

PÂRIS

A. DELAHAYE ET E. LECROSNIER, ÉDITEURS

PLACE DE L'ÉCOLE-DE-MÉDECINE

1886

AU TONKIN

CHAPITRE PREMIER

1° Aperçu géographique

On a divisé le Tonkin en trois régions, distinctes autant par la nature du sol que des productions. Dans ces notes rapides, prises au jour le jour, je devrai me contenter de parler des deux premières régions, les seules que j'ai parcourues.

Le Delta du Tonkin n'est qu'un immense dépôt d'alluvion, formé par le Song-Koï ou fleuve Rouge, et par le Song-Cao ou Thaï-Binh.

Cette vaste plaine, à peine coupée par quelques collines sans élévation, est formée d'argile compacte, sur laquelle l'eau glisse, sans pénétrer profondément. Il en résulte, à l'époque des pluies, une boue adhérente, qui rend la marche très difficile, même pour les indigènes, qui sont pieds-nus, et à peu près impraticable pour nos soldats. Ajoutons qu'il n'y a pas, dans le Delta, une seule route carrossable, et que les

1

seuls chemins pratiqués sont constitués par des digues qui protègent le pays contre les grandes crues du fleuve, ou qui séparent les rizières.

Le Song-Koï[1], grossi aux environs de Hong-Hoa par la rivière Noire et la rivière Claire, est, dit-on, navigable jusque dans le Yunam. En réalité, en raison des rapides et des rochers qu'on y rencontre à partir du Phu-Doan, à 50 kilomètres environ au nord de Hong-Hoa, il est impraticable, même aux navires d'un faible tonnage, et ne peut être parcouru qu'à l'aide de jonques remorquées à la cordelle.

Le Song-Cao ou Thaï-Binh provient des lacs Ba-Bé, sur la frontière du Kouang-Si. Il est grossi du Thuong-Gian et du Loc-Nam, au confluent dit Lou-To-Kiang, les Sept-Pagodes ou les Quatre-Bras.

C'est aux Sept-Pagodes que le Song-Cao se sépare en deux estuaires, le Cua-Cam et le Cua-Thaï-Binh. C'est là également qu'il est mis en rapport avec le fleuve Rouge (Song-Koï) par le canal dit des Rapides (Song-Chi).

Le canal des Rapides n'est pas toujours praticable aux navires, alors même qu'ils calent seu-

1. Le Song-Koï prend sa source dans le Yunam aux environs de Tali-Phu.

lement, 0,70 à 0,80 centimètres. Un autre canal, parti des environs de Hung-Yen sous le nom de canal des Bambous ou de canal Thaï-Binh, rattache également le Song-Koï au Song-Cao.

Les deux fleuves se jettent dans le golfe du Tonkin par plusieurs bouches dont les plus importantes sont : pour le Song-Koï, le Cua-Day, à l'aide duquel on peut remonter jusque dans le voisinage de Son-Tay ; le Cua-Nam, lui-même subdivisé en trois branches, et le Cua-Traly : pour le Song-Cao, le Cua-Thaï-Binh, le Cua-Tray, le Cua-Cam et le Cua-Nam-Trieu par lesquels on remonte de la baie d'Along à Quang-Yem, Haï-Phong, Haï-Zuong, Bac-Ninh, Thaï-Nguyen, etc., etc.

Le sol du Delta est, en général, au-dessous du niveau du fleuve. Les digues et les autres travaux exécutés pour retenir ou faciliter l'écoulement des eaux, remontent à la plus haute antiquité, et nécessitent constamment de nouveaux travaux. En dehors de quelques mamelons qui coupent la monotonie de la plaine, le sol, en réalité, ne se relève qu'à plus de cent kilomètres de la mer.

Dès la limite du Delta, c'est-à-dire au delà de la ligne approximative, Phu-Ly, Hong-Hoa, Thaï-Nguyen, Lang-Kep et Quang-Yen, on rencontre la série des hautes montagnes, bornée par le Laos, le Yunam et le Kouang-Si. Les premiers mamelons qui séparent cette région du Delta sont, ordinairement, formés d'une couche argilo-ferrugineuse, à peu près inculte, et recouverte d'une épaisse végétation broussailleuse, toujours en pleine activité.

Les hautes forêts ne se rencontrent que sur les montagnes plus élevées. La population, si dense dans le Delta, est, ici, très clairsemée : à peine, de temps à autre, quelque misérable village, quelque maigre rizière au fond d'un vallon où l'eau est amenée, des collines voisines, à l'aide d'un simple ajustage de bambous. De petites plantations de patates, de maïs, de haricots ; quelques rares champs de cannes à sucre, de bétel et de mûriers nains, paraissent constituer, alors, la seule culture pratique. Il semble, cependant, qu'on pourrait autrement utiliser ces mamelons ; la vigne, si la floraison et la fructification n'y étaient empêchées par l'abondance des pluies, pourrait, peut-être, y réussir ; la pomme de terre, si j'en juge par les résultats que j'ai obtenus à Hanoï, y serait également productive.

2° Climatologie

Pendant toute la durée de mon séjour au Tonkin, je n'ai pas vu le thermomètre descendre au-dessous de 5 degrés (30, 31 décembre) : il n'a pas non plus dépassé 36 degrés.

Voici, du reste, un aperçu des observations que j'ai faites, régulièrement, mais seulement pendant les périodes de stationnement des troupes.

Pendant le mois de mai, à la citadelle de Hanoï, la température moyenne a été de 29°,5 elle ne s'est pas abaissée au-dessous de 24° : il y a eu des orages presque journaliers, souvent matin et soir.

Pendant le mois de juin, la température a été : moyenne 29°, 8 : maximum 33°, minimum 24°.

La pression barométrique a donné : moyenne 756, 6 : maximum 760 : minimum 752.

Cinq ou six journées seulement ont été exemptes d'orages.

Pendant le mois de juillet, la température moyenne a été de 33°, 5 : le thermomètre s'est élevé à 36° et s'est abaissé jusqu'à 26° le 8 et le 31, à la suite d'un typhon.

La moyenne barométrique a été 755, 2, le baromètre ne s'étant point élevé au-dessus de

757, 5 et s'étant abaissé jusqu'à 751 les 30 et 31 juillet, pendant de violents orages. Pendant ce même mois, dans la soirée du 8, il y eut une saute brusque de 753 à 745, avec abaissement de la température de 31° à 26°, préludant un violent typhon qui s'abattit sur le pays. J'ai pu compter également 13 orages, et seulement 6 jours de beau temps.

A Quang-Yen, à dix kilomètres de la mer, la température moyenne a été pendant la 1ʳᵉ quinzaine du mois d'août de 29°, 6 : le thermomètre n'a pas dépassé 33°, et s'est abaissé jusqu'à 21°, à la suite d'un violent orage. La pression barométrique moyenne a été de 754 (maximum 757 ; minimum 752). Il y eut, pendant cette quinzaine, 8 orages avec ou sans pluie ; le ciel demeurant, du reste comme pendant les mois précédents, nuageux et couvert. Pendant la seconde quinzaine du même mois, le thermomètre étant exposé au nord, sur le mirador de la porte ouest de la citadelle d'Hanoï, n'a pas dépassé 34° et s'est abaissé jusqu'à 22° : la moyenne a été de 31°, 5. La pression barométrique moyenne a été de 756ᵐᵐ. Du 21 au 31 il y a eu encore 5 orages.

Il est à remarquer que le thermomètre exposé au soleil n'accuse que 6 ou 7° de plus que le thermomètre maintenu à l'ombre. A la vérité, le ciel est presque constamment couvert, et l'air saturé d'humidité.

En septembre, dans la même situation, à la citadelle d'Hanoï, le thermomètre n'a pas dépassé 34°, et s'est abaissé jusqu'à 21° pendant les derniers jours du mois : la moyenne a été de 27°, 2. Le baromètre a varié de 762 maximum à 755 minimum. Il y a eu 17 orages ou journées de pluie.

Ainsi, pendant toute cette période mai-septembre, la moyenne thermométrique a été de 30°, 6, la température n'ayant pas dépassé 36° et n'ayant pas été moindre de 21°.

En octobre, en raison des événements de guerre, les observations n'ont pas été prises régulièrement. Il y a eu encore des journées de chaleur accablante; notamment le 6, le 7 et le 8 (jour du combat de Lang-Kep) et de très fréquents et violents orages.

En novembre, pendant mon séjour a Phu-Lang-Thuong, du 1ᵉʳ au 17, la température moyenne a été de 20°,6 le matin, de 24°,6 à midi, et de 22° à six heures du soir. Le thermomètre n'a pas dépassé 29° et ne s'est pas abaissé au-dessous de 18°. La pression barométrique a varié de 762 minimum à 768 maximum. Il y a eu en-

viron 7 jours de pluie, et quelques petits orages.
Pendant la seconde quinzaine du même mois, au
mirador de la citadelle d'Hanoï, le thermomètre
s'est abaissé jusqu'à 8°,5, le 29 et le 30 ; il n'a
pas dépassé 24° le 18. La moyenne a été de 11°,5
le matin, de 21°,2 à midi et de 19° le soir. La
pression barométrique a atteint 771 et ne s'est
point abaissée au-dessous de 762, la moyenne
étant de 767. Pendant cette seconde quinzaine,
le temps a été superbe ; le soir seulement, d'é-
paisses vapeurs s'élevaient de terre jusqu'à une
certaine hauteur.

En décembre, le thermomètre, exposé dans
la même situation N.-E. au mirador, s'est abaissé
jusqu'à 6° et même 5°, les 30 et 31 : il n'a pas
dépassé 25° les 3 et 4. La moyenne a été de
10°,7 à 7 heures du matin, de 21° à midi et de
18°,6 à six heures du soir. La pression barométrique a atteint 773 et n'a pas été moindre
de 765. Pendant toute la durée de ce mois, le
temps a été superbe, le ciel parfaitement pur : il
n'y a eu qu'un seul jour de pluie.

Les événements de guerre n'ont pas permis
de poursuivre ces observations dans le courant
du mois de janvier. Des observations plus com-
plètes, ont été prises, mais seulement pour la sta-

tion de Haï-Phong, par M. le docteur Borius[1], médecin principal de la marine.

On peut conclure que, dans le Delta, la période agréable commence vers le 15 novembre et finit vers le 15 mars.

Pendant toute cette période, du 15 mars au 15 novembre, on fait usage du *panka* dans toutes les habitations. Le panka est une sorte de vaste éventail fixe en cotonnade ou, parfois, chez les indigènes, en feuilles de palmier.

Les orages, qui annoncent le changement de mousson et précèdent la saison des pluies, éclatent, ordinairement, dès la fin de mars, entre 3 et 5 heures du soir. Alors, chez tous les Européens, on peut constater un véritable état d'énervement, d'anéantissement des forces, une remarquable débilitation progressive. Si j'en juge d'après ce que j'ai vu, c'est vers le 15 avril que les fièvres commencent à devenir plus graves: fin d'avril, mai et juin sont terribles: c'est, peut-être, l'époque la plus insalubre de l'année. La température n'est pas très élevée cependant, mais la constante humidité, sous un ciel ordinairement couvert, dans une atmosphère

1. Le docteur Borius est mort à Haï-Phong, le 15 mai dernier, par suite de fièvre pernicieuse.

1.

saturée d'électricité, la rend insupportable : c'est l'*étuve humide*.

C'est également pendant cette pénible période qu'on observe de nombreux coups de chaleur, toujours fort graves, souvent mortels ; trop souvent conséquence de l'imprudence des hommes qui ne se rendent pas compte de l'action du soleil, le ciel étant couvert de nuages. Dans l'infanterie de marine, où les plus sévères précautions sont rigoureusement prises, les insolations et coups de chaleur sont rares.

La température thermométrique est plus élevée, disent les missionnaires, dans la montagne, ou du moins sur les premiers plateaux (Hong-Hoa, Thaï-Nguyen, Cao-Bang, Lang-Son), que dans le Delta proprement dit ; et bien que l'humidité y soit moindre, le pays est réputé beaucoup plus insalubre.

3° Villes, Villages, Habitations

Il n'y a, en réalité, au Tonkin, que deux grandes villes, Nan-Dinh et Hanoï, qui contiennent autant de Chinois que d'Annamites.

Haï-Dzuong a été détruite par l'incendie [1], Haï-

---

1. Habitée surtout par des négociants Chinois, elle était le

Phong n'a d'importance que depuis l'occupation française. Bac-Ninh, Son-Tay et Hong-Hoa sont des forteresses autour desquelles s'est groupée une nombreuse population. Les autres agglomérations (qualifiées *Phu*[1], quand elles sont la résidence d'un fonctionnaire analogue à nos sous-préfets) ne sont que des réunions de paillottes, où grouille une misérable population.

Les pagodes, l'habitation du Phu et de certains fonctionnaires ou mandarins sont, seules, recouvertes de briques. La loi interdit, paraît-il, aux indigènes, d'habiter des constructions en pierre. Cette loi est maintenant en désuétude.

Dans les villes, les habitations des riches, notamment celles des Chinois, consistent en une succession, en enfilade, de pièces étroites, séparées par de minces cloisons en treillis. Un étage auquel on parvient par une échelle intérieure, est séparé du rez-de-chaussée par un simple plancher. D'énormes madriers, réunis par des chevilles de bois, parfois admirablement travaillés

marché central du riz pour toute la région de la rive gauche du fleuve Rouge.

1. Le pouvoir central réside au chef-lieu de la province. Au point de vue administratif, la province est divisée en Phu, comparables à nos sous-préfectures, et en Huyên qui rappellent nos chefs-lieux de canton.

et couverts de belles sculptures, soutiennent le tout. Les clous ou armatures de fer sont inconnus ou, du moins, sans usage. L'étage supérieur, généralement réservé aux femmes, est privé de toute ouverture sur l'extérieur. Pas de fenêtre, ce luxe est inconnu ; les portes seules, protégées la nuit par une forte garniture de bambous, laissent pénétrer la lumière.

Ordinairement, de petites cours intérieures, garnies de fleurs et d'autels, séparent les logis habités par différentes familles.

La construction d'une riche maison indigène, d'une pagode ou même d'une habitation à l'européenne, est véritablement une curiosité. L'échafaudage est la reproduction exacte du plan adopté : il est établi à l'aide de forts bambous, étroitement réunis par de simples liens, sans clous ni chevilles, et cependant d'une solidité à toute épreuve. Ces échafaudages si simples, et en même temps si compliqués, sont un véritable étonnement pour les constructeurs européens.

L'ameublement est des plus modestes : toujours, dans la partie la plus apparente de la pièce, l'autel consacré à la mémoire des ancêtres, entouré de fleurs et de riches panneaux sur lesquels sont gravés les louanges et les hauts faits des défunts, ou des sentences de Confucius. Devant cet autel brûlent constamment une lampe et des bâtons odoriférants. Çà et là, quelques tables basses, quelques larges chaises en bois dur, d'un remarquable travail, mais dont les indigènes ne se servent point ordinairement, tellement la position accroupie leur est habituelle.

Puis, des coffres à effets ou à denrées, des ustensiles de ménage, un moulin à décortiquer le riz, des vases de toutes dimensions. Dans les angles, des estrades basses, recouvertes de nattes sur lesquelles on s'accroupit pour manger, boire, fumer ou jouer. Ces mêmes estrades tiennent également lieu de lit de repos. Elles sont alors protégées par une vaste moustiquaire. On s'étend, tout habillé, sur une natte, la tête appuyée sur une sorte de billot recouvert d'étoffe.

L'étroit matelas Cambodgien, formé de bourre de soie fortement tassée, et composé d'articles se repliant les uns sur les autres, est un objet de luxe que l'on rencontre, parfois, chez les grands mandarins qui ont fréquenté les Européens.

Les autres habitations ne sont rien que des paillottes ou cases en bambous, recouvertes de feuilles de palmier, plus ou moins divisées à l'intérieur par de simples treillis, et n'ayant, ordinairement, d'autres ouvertures extérieures que les portes. Toutes sont construites en torchis, mélange de paille de riz et d'herbages divers, haché menu et piétiné dans la terre limoneuse des mares d'eau. L'ameublement, moins complet, diffère, du reste, fort peu de celui rencontré chez les riches. Chez tous, riches ou pauvres, on trouve un service à thé, composé de fort petites tasses et d'une théière, dans laquelle l'eau bouillante est renouvelée chaque fois, au fur et à mesure de la consommation d'une tasse. Le thé véritable est un luxe réservé aux mandarins et aux lettrés : les pauvres indigènes le remplacent par une infusion de feuilles aromatiques ou de sommités fleuries d'un arbuste qui a beaucoup d'analogie avec le thé, et qui abonde dans le pays, notamment aux environs de Son-Tay, sous le nom de Tra-Hué, souvent aussi par une décoction de jeunes pousses de bambous. Ces in fusions, très chaudes, sont, du reste, fort agréables et très désaltérantes bien que prises sans addition de sucre.

Dans tous les villages, les pagodes, en dehors des exigences, du reste, fort restreintes du culte, sont les centres des réunions. Dans leur voisinage se rencontre habituéllement un vaste hangar couvert, avec plancher, sur pilliers à 50 centimètres environ du sol ; c'est la maison des hôtes [1]: c'est là qûe sont reçus et abrités tous les gens de passage étrangers au pays.

Tous les villages du Delta, perdus dans un véritable nid de verdure qui les rend à peu près invisibles, sont entourés d'une forte digue à peine percée de distance en distance d'étroites ouvertures soigneusement dissimulées, et plantées de bambous. Chaque village constitue, ainsi, un centre fortifié autant contre les agressions des pirates qui pullulent dans le pays, que contre les invasions du fleuve. La porte principale est dominée par une sorte de mirador où veille constamment un guetteur.

Fréquemment, autour des villages, sont disposés des bambous, percés d'orifices plus ou moins larges, constituant ainsi de véritables tuyaux d'orgue qui vibrent tristement sous l'action du vent. C'est ainsi que l'on éloigne les mauvais esprits qui menacent le village. Ces mêmes

---

1. C'est là aussi que les habitants accourent à l'appel du gong, du tam-tam, ou du mô (sorte de crécelle), pour recevoir les ordres des mandarins, se rendre à la corvée, défendre le village contre les pirates ou lire les affiches de l'autorité.

bambous, fixés à des cerfs-volants, remplissent parfois l'air de sons aigus qui rappellent nos machines à vapeur.

Les riverains de certains aroyos peu rapides, ou moins exposés aux grandes crues, habitent de véritables villages flottants, des huttes isolées sur radeaux ; parfois aussi des cabanes fixées à l'aide de pieux enfoncés dans le sol même du fleuve, et reliées à la rive par un étroit pont mobile, véritables cités lacustres des premiers Francs. Souvent encore, l'habitation n'est rien autre qu'une longue embarcation recouverte d'une basse et épaisse toiture de feuilles de palmier fixées sur une natte en bambous. L'embarcation, très solidement construite en bois dur chevillé, contient habituellement un étroit réduit où habite toute la famille ; la femme et les enfants reposent dans un hamac. A côté de ce réduit se trouve la pompe à eau, un simple bambou destiné à évacuer les infiltrations. Le reste de l'embarcation est réservé au transport des diverses marchandises. Le fleuve et ses aroyos étant la propriété commune, ce sont, naturellement, les malheureux, les pêcheurs et les pirates qui sont réduits à ce genre primitif d'habitation.

4° Culture

Dans tout le Delta, il n'y a pas un pouce de terre perdu : partout le sol est profondément travaillé : les talus des digues ou des quelques routes que nous avons tracées sont, eux-mêmes, plantés de patates ou de haricots.

Chaque village est entouré d'une épaisse ceinture de bambous, de superbes bananiers, de longs aréquiers dont l'extrémité seule est terminée par un bouquet de feuilles, d'énormes banians dont les racines aériennes font autant d'arbres distincts et cependant étroitement unis à l'arbre primitif, de lichtis aux fruits acidulés fort agréables, puis de divers arbustes, amandiers, orangers, citronniers, goyaviers, jacquiers, pruniers même, etc...

Chaque paillote ou maison possède, ordinairement, un petit jardin potager où se cultivent quelques salades, oignons, auberginos, concombres, citrouilles, tomates, choux annamites, et autres légumes d'un goût particulier, désagréable aux Européens.

Quelques plantes d'ornement, la rose, le lis, diverses orchidées et tubéreuses, le grenadier, de nombreuses variétés d'hibiscus, dont les fleurs

rappellent les œillets, y sont l'objet de soins assi-
dus[1]. Parfois, dans les terres avoisinant les villages bâtis aux pieds des collines, on rencontre des
champs de maïs, de ricin et de bétel dont il est
fait une énorme consommation. Puis, des cultu-
res très soignées d'une sorte de mûrier nain, que
les indigènes empêchent de grandir, afin d'obtenir des feuilles plus tendres, d'une récolte plus
facile et plus abondante. Les magnaneries et tis-
sages de soie, qui sont l'une des principales industries du pays, sont habituellement éloignées
des agglomérations.

De fait, il n'y a guère, dans tout le Delta,
qu'une immense culture ; c'est le riz. Les rizières,
soigneusement divisées par de petits endigue-
ments qui les protègent contre l'inondation, ou
servent à retenir l'eau, en sont, après chaque récolte, habituellement recouvertes de trois à quatre pieds. C'est alors que commence le labourage.
Les indigènes, dans l'eau jusqu'à la ceinture, le
pratiquent à l'aide d'une très primitive charrue,
tirée par un buffle conduit par une corde fixée à

---

1. La fleur du lotus (légumineuse papilionacée) dont les sorciers et devins font un grand usage, que chantent les rares
poètes du pays, y est également en grand honneur.

un anneau de fer passé dans la cloison nasale ;
l'animal est parfois obligé de nager.

La terre étant ainsi labourée sous l'eau, les
femmes, le haut des cuisses et le corps à peine
recouverts d'un mince langoutis, arrachent, en
tâtonnant, les mauvaises herbes et les laissent,
ordinairement, flotter à la surface, où elles ne
tardent point à se décomposer pour former un
engrais. La terre se repose ainsi quelque temps :
puis la digue est ouverte, l'eau s'échappe, allant
inonder des rizières voisines, ou se deversant
dans le fleuve.

De nouveau la terre est alors travaillée à l'aide
de la herse, simple râteau en fer qui régularise
le sol. Le riz est semé à la volée [1], dans un terrain
spécialement aménagé à cet effet ; puis, après le
hersage, et dès qu'il atteint un certain dévelop-
pement, il est arraché et repiqué en mottes distinctes, sous une légère couche d'eau, où il s'ac-
croît jusqu'à la récolte.

Quels Européens résisteraient à ce travail,
n'ayant pour toute alimentation que du riz, un
peu de poisson salé, quelques patates et rares
herbages ; parfois, les jours de fête, un morceau

1. L'époque des semailles varie suivant la région. — Dans le
Delta, elles ont généralement lieu en mars et en septembre.

de porc ou de volaille, et pour toute boisson, une infusion de thé ?

Il ne faut pas observer longtemps, pour être certain, du reste, que les indigènes ne sont pas capables d'un travail soutenu ni, surtout, de la force déployée soit par nos agriculteurs, soit par nos ouvriers européens. Bien qu'il y ait, dans certaines régions, parfois deux récoltes par an [1], partout la population paraît chétive et misérable ; vraiment épuisée, au physique et au moral.

Est-il possible d'améliorer cette situation ?

On peut le croire, bien que les récoltes, malgré leur abondance habituelle, ne soient pas d'un grand revenu, et qu'il soit difficile, sinon impossible, au moins dans le Delta, de songer à une culture plus productive. Tout au plus pourrait-on essayer la culture de la canne à sucre. Mais on sait que, soit insuffisance du sol, soit routine des indigènes, cette culture, très patronnée en Cochinchine, y a cependant à peu près échoué : Quant au blé et aux céréales, il n'y faut pas songer.

J'implique le Delta seulement dans cette excep-

---

[1]. Dans les terrains qui peuvent être facilement inondés. — Dans les terrains élevés et montagneux, il n'y a qu'une récolte ; et le riz est moins blanc que celui de la plaine.

tion : je suis convaincu que la région des plateaux peut être cultivée, fournir des produits plus variés, peut être d'un meilleur revenu. Mais il faudrait, au préalable, défricher ces plateaux ; et leur insalubrité notoire doit évidemment peu disposer à tenter l'aventure.

Certaines régions de l'Algérie nous ont coûté plusieurs générations de colons. Le sol du Tonkin est, assurément, plus insalubre encore ; nous ne devons point l'oublier.

5° Industrie, Productions diverses

En dehors des lettrés, mandarins et fonctionnaires, les Tonkinois sont tous cultivateurs.

Il n'y a pas d'industrie réelle : on rencontre cependant des fabricants d'incrustations de nacre sur bois dur (bois de Trac), véritables artistes groupés à Hanoï et Namh-Dinh ; des tisseurs de soie disséminés çà et là dans quelques villages ; des dessinateurs, parfois très habiles, mais essentiellement routiniers ; des laqueurs, des orfèvres, des fondeurs, des fabricants de cercueils, de nattes, de vases, de statues, de fleurs et autres objets destinés à l'ornementation des pagodes ou autels consacrés aux ancêtres ; puis encore,

des fabricants de papier, de peignes ; des bro-
deurs sur soie ou étoffes diverses, etc., etc.

Tous sont groupés par corporations habituellement réunies dans un même centre, et soumises
à des usages qui ont force de loi. Les chefs de
corporations sont exempts d'impôts.

Il ne saurait, on le comprend, y avoir de grandes industries, dans un pays où il n'y avait,
avant la domination française, aucun débouché
commercial ; où les artistes, alors qu'ils avaient
acquis une certaine habileté, devenaient de véri-
bles prisonniers, exclusivement occupés par la
Cour de Hué et par les grands mandarins qui ne
les payaient pas[1] ; où le confort est inconnu de la
très grande majorité des habitants qui, du reste,
n'en éprouve pas le besoin ; où souvent, enfin,
les mandarins et les pirates enlèvent aux produc-
teurs toute sécurité et, par conséquent, le désir
de conserver.

Les régions minières (si tant est qu'il y ait de
véritables mines) sont réputées habitées par de

---

1. Actuellement encore, les plus habiles ouvriers sont dé-
signés comme ouvriers du gouvernement. Ils doivent au premier appel se mettre à la disposition immédiate du fonctionnaire
qui les requiert. — Ils sont alors nourris, touchent une très
légère rémunération, mais, en compensation, ils sont exemptés
d'impôts.

malins esprits qui en défendent l'accès. C'est là, paraît-il, ce qui en rend l'exploitation si primitive.

Les indigènes représentent, fréquemment, sur leurs faïences usuelles, des génies malfaisants, poursuivant et terrassant les audacieux qui tentent l'exploitation des mines. Cette chimère est entretenue, dit-on, par les mandarins et lettrés qui sont les adjudicataires habituels du gouvernement, et qui veulent pouvoir exploiter à leur seul profit.

L'insalubrité notoire de ces régions, où règne en permanence la fièvre pernicieuse, est, évidemment, la meilleure raison de leur abandon. N'en est-il pas ainsi de la plupart des placers, qu'une hygiène bien entendue est, seule, capable de rendre moins agressifs ?

En dehors des travaux agricoles, les femmes font le petit commerce de village à village. Les Chinois seuls ont entre les mains le grand commerce. Ils seront sûrement, en raison de leurs moindres exigences, de terribles concurrents pour les Européens [1].

1. Ils ont du reste sur eux l'immense avantage de connaître la langue et les mœurs commerciales du pays, de pouvoir faire, en temps opportun, une avance à l'indigène qui, plus tard, leur vendra ses produits, de savoir la meilleure époque pour acheter, enfin de se déplacer avec une facilité que n'atteindra jamais l'Européen.

Produits médicinaux. — J'ai signalé les principaux produits agricoles du pays. On peut citer encore les diverses préparations médicinales, la cannelle [1], l'agaloche, le gingembre, le gensen si réputé comme stomachique; le datura, la noix vomique, la mélisse ; puis, l'anis étoilé des environs de Lang-Son, le ricin, plusieurs résines, l'antiaris toxicaria dont le suc était autrefois, dit-on, employé par les pirates pour empoisonner des flèches ; l'alstonia scholaris très utilisé dans le traitement de la diarrhée, le croton, la rue, etc, etc., tous médicaments très appréciés, très recherchés des indigènes, et constituant une des principales branches du commerce local.

Le datura, associé peut-être à la noix vomique, paraît constituer la base du fameux Hoang-Nam, réputé si efficace contre la rage, et également employé avec la même réputation, assurément non moins justifiée, dans le traitement de la lèpre.

L'opium, que tous les riches fument avec passion, n'est pas un produit du pays, et se paye fort cher.

Règne animal. — La race bovine est abondante dans le Thanh-Hoa, et dans tout l'Annam, mais

---

1. La cannelle du Than-Hoa, dite cannelle royale, est la plus appréciée et se paye fort cher.

n'est pas utilisée par les indigènes proprement dits. Le bœuf est petit, trapu, très résistant et sobre. Il nous a rendu d'immenses services pour conduire, jusqu'à Lang-Son, l'immense approvisionnement nécessaire aux troupes. Sa chair est de très bonne qualité.

Le mouton est inconnu et ne paraît pas susceptible de s'acclimater facilement dans ce pays de marécages. Le mouton importé de Chine ou d'Australie est rapidement atteint, dans le Delta, de la maladie connue chez nous sous le nom de surlangue ou piétin.

Le buffle est vraiment l'animal providentiel du pays. Sobre, malgré sa force, parfois disparaissant dans le bourbier d'où ne sort que sa tête d'un aspect presque menaçant, il est seul capable de labourer profondément les rizières sous l'eau qui les recouvre.

On trouve au Tonkin une excellente race de petits chevaux ardents, bien faits, infatigables, et vivant très sobrement d'herbages verts et de paddy (riz non décortiqué).

En dehors de certaines provinces, les indigènes ne les utilisent pas ; et même, en ont une véritable frayeur. Au début de l'occupation française, ces chevaux étaient vendus à vil prix. Actuellement on les paie facilement de 250 à 300 francs. Ils sont très précieux pour nous, parce qu'ils sont seuls capables de parcourir les digues étroites des rizières, qui sont les chemins du pays. Dans le Delta, tous nos grands chevaux ont péri, épuisés autant par le surcroît de travail dans le sol boueux et glissant des rizières, que par l'insuffisance ou la mauvaise qualité de l'alimentation.

Les troupes chinoises n'utilisent que ces petits chevaux, ordinairement harnachés d'une étroite selle en bois, avec quartiers libres formés de deux larges lames de cuir. Le col est entouré d'un lourd collier de petits grelots. Un simple bridon, avec mors à une seule branche, complète ce harnachement très primitif.

La volaille et le cochon abondent dans certains villages. Le cochon est de très petite taille, a la chair ferme, constitue un manger très apprécié, et fait l'objet d'un commerce d'exportation assez actif avec la Chine.

Le chien, également très recherché comme aliment, concourt, avec le porc, à la propreté des villages qui sont assez généralement bien tenus.

Les échassiers et les palmipèdes pullulent dans les rizières et les marais. Les autres oiseaux sont rares, notamment les oiseaux chanteurs.

On rencontre surtout la pie, le corbeau à collier blanc, une espèce particulière de loriot à longue queue rouge, dit coq de pagode, l'oiseau jaseur (Con-San) sorte d'étourneau à bec jaune. La petite perruche, le paon, une espèce de grosse perdrix… etc., etc, se rencontrent plus fréquemment, dans la région montagneuse, au milieu des broussailles fréquentées par le tigre et la panthère.

Le poisson abonde dans le fleuve, comme aussi dans les étangs, les marais, les fossés, les rizières elles-mêmes, pour peu qu'elles soient négligées. Le poisson fermenté, longtemps conservé dans une sorte de saumure[1], est le complément habituel de tous les repas.

Les engins de pêche varient à l'infini.

A certaines époques de l'année, on pourrait peut-être dire toute l'année, on rencontre des femmes de tout âge, à peine vêtues d'un haillon, grouillant dans les mares et les fossés, soit pour arracher des châtaignes d'eau (bicornes de la Bresse) soit pour prendre à la main de petits poissons qu'elles emmagasinent dans un panier pendu à leur côté.

Elles sont, parfois, des journées entières dans l'eau, ou mieux, dans la vase jusqu'aux aisselles.

1. Mloc-mân. — Eau de poisson.

Le bas-fond dégage des effluves pestilentiels : rien ne les rebute ; elles sont, semble-t-il, inoculées et à l'abri du miasme.

Tous, hommes, femmes, enfants, sont véritablement amphibies, et, malgré leur aspect misérable, ne paraissent pas en être plus incommodés.

6° Aspect physique, Mœurs, Coutumes, Usages, Famille

Les Tonkinois sont généralement petits et chétifs, incapables, par insuffisance, bien plus que par paresse, d'un travail de force prolongé. On les dit de race mongole. Ils ont le front bas et étroit (dolicocéphale) ; la face relativement large, les pommettes saillantes, les yeux noirs, le nez écrasé, parfois rudimentaire, les lèvres épaisses, la mâchoire forte, la poitrine et le bassin ordinairement développés, le système pileux rudimentaire aussi bien chez l'homme que chez la femme ; le teint d'un blanc mat, plus ou moins basané, suivant le genre de travail ; les cheveux noirs réunis en chignon par les hommes, ramenés et retenus à l'aide d'un peigne sur le haut de la tête par les femmes.

Les femmes sont vraiment laides. Elles ont le

sein ordinairement petit, conique, à mamelon bien conformé. Tous, hommes et femmes, à partir d'un certain âge, ont les dents laquées (opération délicate qui nécessite plusieurs applications successives d'un mélange particulier) et mâchent presque constamment une sorte de chique composée de chaux, de noix d'arec et d'une feuille de bétel. Ce mélange, très astringent, provoque une hypersécrétion d'une salive mousseuse, sanguinolente, qui donne aux gencives et aux lèvres une coloration rougeâtre fort désagréable, mais a l'avantage de rafraîchir l'haleine. Il est, effectivement, très rare qu'un indigène ait l'haleine fétide.

Sous cette couche de laque noire qui paraît protéger les dents contre l'action corrosive de la chaux, on constate, en général, une belle et solide dentition.

Les femmes portent leurs enfants à califourchon sur la hanche, soutenus à l'aide du bras droit passé autour du corps. Les enfants y sont habitués, et écartent naturellement les jambes, dès qu'ils sont soulevés.

Tous, notamment les femmes, ont une démarche déhanchée très accentuée ; une sorte de cadencement qui paraît élargir le bassin et faire proéminer les fesses. Le repos consiste dans la

station accroupie, les jambes repliées sur les
cuisses, sans assiette sur les fesses.

Les enfants sont parfois jolis, mais la finesse
des traits est éphémère.

Il y a, entre Tonkinois et Chinois, une si profonde différence de stature et d'allure, que la
soumission des premiers, vis-à-vis des seconds,
paraît presque naturelle. Autant le Chinois des
villes, presque toujours commerçant, est propre
de sa personne, soigneux dans sa tenue ; autant
l'Annamite, à part quelques lettrés et mandarins,
paraît misérable, chétif, déguenillé. De fait, les
Chinois étaient ici les seigneurs et maîtres. Nous
sommes plus forts que les Chinois et nous devons les remplacer. C'est ainsi que la plupart
des Annamites envisagent la situation actuelle.
Seront-ils plus heureux sous notre domination ?
Il est presque permis d'en douter.

Qualités et défauts. — Les Tonkinois sont réputés timides, obséquieux, inertes, hypocrites,
moqueurs et très vaniteux. Je les ai vus sobres et
hospitaliers, très respectueux des anciennes traditions, serviles devant l'autorité, très autori-
taires vis-à-vis de qui leur est inférieur, mé-
fiants et dissimulés, très superstitieux, indifférents à la mort, braves quand ils sont bien

conduits, mais sans convictions ni patriotisme. On les dit encore égoïstes et rageurs, les femmes surtout, et capables de véritables cruautés. Ils ont, de même que les Chinois du reste, l'habitude souvent de torturer, toujours de couper la tête de tout ennemi vaincu. Ils sont pirates et voleurs, quand ils sont dans la misère ; de faciles relations, quand ils sont dans l'aisance ; usuriers et superbes quand ils sont riches.

Il sont parfois intelligents et doués surtout d'une excellente mémoire, mais ordinairement sans instruction, sans énergie ni volonté.

Ils n'ont pas les vices honteux des nations dites civilisées ; et cependant, assurent les missionnaires, ils sont très immoraux en paroles.

Tous aiment les plaisirs bruyants, les cérémonies tapageuses, les tam-tam, les pétards et feux d'artifices.

La femme est plus laborieuse que l'homme ; souvent, pendant que le mari flâne, fume, dort ou joue, sa femme et ses filles travaillent les champs, portent les fardeaux, font le petit commerce... etc., etc.

Les lettrés, pédants très fiers de leur situation, bien que sans instruction réelle, constituent l'aristocratie du pays. Ce sont les mandarins lettrés

qui rendent la justice, gouvernent et adminis-
trent, fixent et prélèvent les impôts, et souvent
exploitent le peuple, en véritables tyrans qu'ils
sont.

Il n'y a pas de noblesse héréditaire : la fonction seule ennoblit ; mais la famille jouit de la
considération dévolue à la fonction remplie par
l'un de ses membres. L'expression : « faire mandarin » est devenue proverbiale, quand, malgré
les réclamations des marchands, on paie quelque
produit le quart du prix demandé.

Les chefs militaires, bien que très redoutés,
paraissent n'occuper qu'une situation secon-
daire.

Le médecin, sans consécration officielle, est
tenu cependant en grand honneur. Il est sans
instruction : toute sa science ne repose guère
que sur l'examen du pouls, sur la connaissance
de quelques recettes empiriques, de plantes diverses récoltées dans le pays ou venues de
Chine sous le nom de Thuoc-Boc (médecine du
Nord).

Pour saluer un supérieur, les Tonkinois se
prosternent de tout leur long, et plusieurs fois
de suite, suivant la dignité du personnage salué.
Nous avons aboli cet usage dans nos relations

avec les indigènes, les dispensant ainsi, trop tôt sans doute, et peut-être à notre détriment, des marques extérieures de respect auxquelles ils sont habitués entre eux.

Langage. — La langue officielle [1], parlée seulement par les lettrés, est, paraît-il, un mélange de Chinois avec un dialecte du pays. C'est dans la langue vulgaire que se disent toutes les chansons, parfois fort érotiques, nasillées par les aveugles et les chanteuses, avec l'accompagnement obligé du tam-tam, du chalumeau ou d'un non moins primitif violon. La gloire des héros constitue le thème de nombreuses comédies très appréciées.

L'idée de patrie, cependant, n'existe pas chez le peuple, ou du moins y est à peine ébauchée. Interrogez un böy [2], un coolie quelconque, un marchand, voire même un agriculteur : « Préfères-tu les Chinois ou les Français (Phalangsa) ? [3] » Il vous répondra, invariablement, que les

---

1. Elle est faite de mots dits : mots caractères. Les lettrés qui, seuls, connaissent les caractères chinois, s'en servent constamment. — Le peuple parle la même langue, mais avec une prononciation tellement modifiée qu'elle constitue vraiment un dialecte à part.

2. Petit garçon.

3. Phalangsa, corruption du mot *Flançais* ; les indigènes ne prononçant pas les *r*.

uns et les autres lui sont indifférents. « Chinois et Français, disent-ils, ont beaucoup d'argent et nous en font gagner beaucoup : les Tonkinois n'ont pas d'argent et travaillent pour les Français comme pour les Chinois. » A qui leur donnera davantage, tout est là pour eux. Le Chinois, plus civilisé cependant, pense, du reste, absolument de même ; du moins alors qu'il est éloigné de son pays, et se livre au commerce.

Le Tonkinois est, disent les missionnaires, incapable d'amélioration sérieuse. Jeune, il paraît intelligent, gouailleur, presque gamin de Paris, mais ne tarde pas à s'abrutir et demeure ce qu'il a toujours été, un esclave. On ne fera jamais de lui un grand négociant, ni un industriel, ni un spéculateur ; toute conception intellectuelle puissante lui est interdite. On obtiendra de lui un interprète ; il est susceptible même d'apprendre plusieurs langues : il est contemplatif, rêveur ; il a de l'imagination, de la mémoire, mais non pas de l'intelligence. La domination et l'esclavage l'ont fait insouciant et inerte. Des siècles, peut-être, passeront sans le modifier. Il prendra nos vices et peut-être jamais nos qualités.

Tous sont habitués, dès l'enfance, à cette obéissance passive qui touche au servilisme. Bien qu'étant en réalité vaniteux et haineux, ils exécutent l'ordre d'un chef avec les marques d'un profond respect. Toute supplique, soumise à un supérieur, est accompagnée d'un cadeau, ou présentée, lorsqu'elle est écrite, sur un plateau chargé de fleurs et de fruits.

Il est rare qu'un Tonkinois révèle, même à prix d'argent, le secret qui lui a été confié. S'il succombe à l'appât, il ne le fait qu'après y avoir été forcé, au moins en apparence : « Donne-moi la cadouille [1] » dit-il à l'interrogateur, « et l'esprit révélateur m'apprendra ce que tu désires savoir » et, le supplice subi : « L'esprit que j'ai vu, dit-il, m'a révélé telle chose. » Sa conscience ainsi satisfaite, lui permet de toucher, sans scrupule, l'argent destiné à payer sa révélation.

Famille. — La famille paraît au Tonkin parfaitement constituée. La loi annamite donne au père le droit de mort sur ses enfants, ce qui ne l'empêche pas d'avoir pour eux la plus vive affection. Le père peut, du reste, être condamné lui même à la peine de mort, si son fils s'est rendu coupable de quelque crime.

Le célibat, à peu près inconnu, est absolument méprisé. Le divorce est toléré, mais rare,

1. Flagellation à l'aide d'une tige flexible de bambou.

et n'a ordinairement pour cause que la stérilité de l'un des époux[1]. Les vieillards, toujours fort respectés, sont les chefs reconnus de la famille; et rien ne se fait sans leur avis ou leur assentiment. A la mort des ascendants, les biens sont également partagés entre les enfants. Le fils aîné, cependant, hérite d'une part supplémentaire (hù-ong-hoà), mais contracte, en raison de cet avantage, des obligations sacrées. Il devient le chef reconnu de la famille : il est tenu d'entretenir les tombes et de rendre les honneurs dévolus aux ancêtres. Il est obligé, à cette occasion, de recevoir ses parents et de leur offrir un repas dont il doit seul, quand il le peut, payer tous les frais : il est tenu d'assister ses parents malheureux, et se soustrait rarement à cette obligation.

Mariage. — En principe, les mariages sont décidés par les parents, souvent à l'insu des enfants et, le plus ordinairement, longtemps avant l'époque de leur célébration. Les parents s'assurent, par la conjuration des esprits, que leurs enfants se conviennent; ils fixent de même le jour des fiançailles, puis débattent entre eux le

---

1. Dans l'usage, l'époux choisit alors une seconde femme qui est agréée par la première, et lui demeure soumise.

prix qui doit être payé aux parents de la fille (50 à 200 francs en moyenne).

Le contrat ainsi arrêté, et le jour du mariage fixé, le fiancé fait cadeau des pièces de soie qui, doivent servir à la confection des robes et pantalons. Suivant sa fortune, il offre, en outre, des bracelets, bagues, boucles d'oreille et autres bijoux renfermés dans une boîte à bétel ; puis un cochon et un flacon d'eau-de-vie de riz : ce sont les cadeaux consacrés par la coutume. Le bétel, l'arec, le cochon, l'eau-de-vie de riz sont partagés entre les parents de la fiancée et leurs amis, en signe de réjouissance : Eux-mêmes ne sont tenus à aucun cadeau ; mais, fréquemment, lorsqu'ils sont dans l'aisance, l'argent qu'a donné le fiancé, *pour acheter la vertu de sa future*, est intégralement remis à la jeune femme : les parents n'y touchent pas.

Le mariage se conclut, soit en présence des seuls parents et amis, soit devant les autorités du village, alors que les jeunes gens n'habitent pas la même commune. Dans ce cas, le fiancé paie, à la caisse du village qu'il doit habiter, une ligature (soit un franc environ), pour gage d'une bonne souche (giaï-tang). Il n'y a, ordinairement, aucun acte écrit ; le seul témoignage suffit. Le mariage se conclut par la cérémonie du hiep-can (retourner dessus dessous). L'épouse, conduite chez son époux, et se confiant à sa merci, se prosterne d'abord devant lui et en reçoit, à son tour, le salut. Cela fait, elle verse du vin de riz dans deux petites tasses, en offre une à l'époux et boit l'autre, sans en rien laisser. Les deux tasses vides sont renversées, accolées l'une sur l'autre par leurs bords libres : C'est le simulacre de l'union.

Les époux se souhaitent réciproquement bonheur et prospérité, vont ensemble se prosterner devant leurs parents, puis saluer leurs amis et les autorités. Le mariage est ainsi définitivement consacré.

Filles et garçons sont, malgré leur chétive apparence, réputés nubiles et fiancés dès l'âge de 12 à 15 ans; mais les mariages n'ont pas habituellement lieu avant l'âge de 18 à 20 ans. Les unions sont, en général, très fécondes : mais les enfants sont enlevés, pour la moitié au moins, par la petite vérole ; de telle sorte qu'il reste seulement trois ou quatre enfants dans une famille qui en comptait six ou huit.

S'agit-il de l'union d'un Européen avec une fille du pays ? C'est alors un véritable marché, suffisant cependant, aux yeux de l'indigène, pour légaliser le mariage. Le prix de la femme est débattu en sa présence, après examen. Il doit être payé séance tenante, variant de 10 à 50 piastres ; après quoi, la fille, ainsi mariée, ne cherche aucun autre engagement et demeure généralement fidèle à son propriétaire[1].

Tout examen est permis avant le marché, et si le contrat n'est point conclu, la fille, sur un mot de sa mère, se retire pour aller, dans les mêmes conditions, avec la même indifférence, se prêter à l'examen plus ou moins entreprenant d'un voisin ; bien décidée, du reste, à ne se livrer complètement que lorsqu'elle aura été complètement payée.

La naissance d'un enfant, fille ou garçon, est toujours accueillie avec grande joie. Il y a fête, pour toute la famille, un mois environ après la délivrance de la mère.

A l'occasion des fêtes du Têt, les familles s'adressent réciproquement des souhaits invariables : bonne année, bonne santé, beaucoup d'enfants, beaucoup d'argent. On ne peut, en vérité, rien souhaiter de mieux.

Les Tonkinois sont polygames, même les catho-

1. La loi, du reste, est de la dernière sévérité pour quiconque, mari ou femme, manque à ses devoirs.

liques. Les missionnaires, cependant, assurent
que la polygamie est rare, qu'elle n'existe que
chez les riches et les fonctionnaires, ou bien, dans
le cas de stérilité. La première femme jouit, du
reste, toujours, d'une déférence relative, et même
d'une certaine autorité sur les autres épousées :

Les mœurs sont pures : une fille-mère constitue un déshonneur pour toute la famille : elle est
signalée dans son village au son du tam-tam et du
gong. L'adultère est puni de mort infamante : la
femme doit être décapitée, et l'homme, dit la loi,
livré à l'éléphant bourreau qui lui écrase la tête ! !

Tout récemment, me racontait un lettré, un
mari surprit sa femme et tua l'amant. Les mandarins le condamnèrent à mort, ainsi que sa femme :
mais, aucune exécution ne pouvant être faite
sans l'assentiment du roi, celui-ci décida que les
mandarins avaient mal jugé ; il ordonna que le
mari fût remis en liberté, et la femme seule décapitée ; ce qui fut fait immédiatement.

7° Religion. — Décès. — Funérailles

J'ai eu occasion de montrer déjà que la seule
pratique religieuse annamite consiste dans le
culte des ancêtres. En réalité, la religion d'état a
sa source dans la philosophie moraliste de Confu-

cius. C'est la religion de l'immense majorité des Chinois. Au Tonkin, les mandarins et les lettrés paraissent seuls en avoir quelque idée. On dit le peuple Bouddhiste ; mais le Bouddhisme est plutôt toléré que reconnu. Le Bouddhisme n'est qu'une sorte de contemplation extatique du néant, le culte de certains génies bienfaisants ou malfaisants. Il n'a pas d'adhérents fervents ou convaincus, moins encore de fanatiques.

Cette indifférence est une des principales causes du succès des missions catholiques. Les Annamites se font catholiques parce qu'ils rencontrent, chez nos missionnaires, asile et protection ; non parce qu'ils reconnaissent notre religion meilleure. Nos missionnaires les reçoivent, les abritent, les nourrissent, prennent leur défense contre leurs persécuteurs, ont soin de leurs enfants malades ou leur procurent une sépulture ; et les néophytes se soumettent, pour la plupart sans conviction comme sans raisonnement, aux pratiques enseignées sous la rubrique catholicisme.

Il faut ajouter que le mysticisme de certaines pratiques du catholicisme les charme beaucoup. La vie contemplative est en grande faveur chez eux. On compte plusieurs associations de femmes astreintes à la seule prière, dans une constante méditation, adonnées même aux pratiques de la discipline corporelle.

Ainsi s'explique, en dehors même du zèle des missionnaires, le succès du catholicisme chez ce peuple foncièrement indifférent, mais tout disposé à marmotter, dans une douce somnolence, des prières dont il ne comprend ni le sens ni la portée. Ainsi s'explique encore la tolérance du gouvernement vis-à-vis du christianisme, alors qu'à la question religion ne vient pas se mêler la crainte d'envahisseurs étrangers.

Chinois et Annamites ont toléré les catholiques quand ils ont cru n'avoir rien à redouter de l'Europe. Depuis des siècles déjà, il y a dans l'Annam, comme en Chine, des églises et des collèges catholiques. Malheureusement, pour les gouvernements Chinois et Annamite, tout Européen est un catholique qui rêve la conquête et prépare l'accès du pays à ses compatriotes. C'en est assez pour motiver la persécution périodique.

Il faut constater que, pendant les sinistres époques, quelques néophytes indigènes, rares en vérité, n'ont pas craint de se déclarer catholiques, bien certains, cependant, d'être condamnés aux plus atroces supplices.

On a pu reprocher à nos missionnaires de

n'avoir appris à leurs néophytes instruits que la seule langue latine ; d'avoir négligé ainsi de leur inculquer le sentiment français. Les missionnaires Espagnols ont agi de la même manière. C'était prudent; la langue latine, langue liturgique, permettait de reconnaître les adeptes. Seule, elle était capable d'écarter toute susceptibilité nationale, toute crainte de domination étrangère. C'est grâce à cette réserve que les missionnaires ont pu pénétrer dans le pays, y implanter et y propager doucement la saine doctrine.

Les missions protestantes anglaises ne procèdent point de la même façon, dira-t-on. C'est vrai : mais le but à atteindre n'est pas le même. La doctrine catholique a la prétention de n'être point de ce monde. La doctrine protestante anglaise est, avant tout, utilitaire. Pour les Anglais, comme pour nous, il n'y a qu'un seul Dieu ; mais, pour les néophytes Anglais, ce Dieu doit être Anglais ; de même qu'il ne doit exister qu'une seule nation, l'Angleterre ; un seul commerce, le commerce anglais. Toutes considérations fort pratiques, très patriotiques même ; mais que l'abnégation catholique ne saurait sanctionner: ce qui n'empêche pas nos missionnaires, Mgr Puginier

en tête, d'être français de cœur, et de nous rendre, chaque jour, les plus signalés services. « La
puissance des chrétiens, a dit Lacordaire, va plus
vite encore que leur sang : ils conquièrent et gouvernent l'espace avec une poignée d'hommes, et
leur génie le remplit bien avant leur postérité. »
Telle est bien en effet la puissance de ces hardis
pionniers du catholicisme et de la civilisation qui
savent conquérir un monde par la seule force
des conseils, de l'exemple et de la persuasion. J'ai
été souvent témoin du respect filial des indigènes
pour nos missionnaires. Naturellement craintifs
et timides, tous paraissent confiants et forts, dès
qu'ils ont leur évêque et les prêtres au milieu
d'eux. C'est par nos missionnaires, par nos sœurs
hospitalières, que la domination Française au
Tonkin saura se faire accepter. Déjà, du reste, tous
les villages catholiques, même ceux administrés
par la mission Espagnole, se sont nettement mon-
trés favorables à la cause Française, malgré les
représailles terribles auxquelles ils sont exposés.

« J'ai dit que le Bouddhisme, pour ses adeptes
convaincus, n'est rien autre qu'une extatique
contemplation du néant, le culte de certains génies bienfaisants et malfaisants ; et que le peuple demeure indifférent, comme étranger à toute

pratique religieuse. Cela peut paraître étrange pour quiconque a visité les nombreuses pagodes répandues dans le pays. De fait, le peuple est très superstitieux ; et le bonze, sorte de prêtre gardien de la pagode, se charge de lui rappeler ses obligations.

Les lettrés, sans doute, connaissent l'histoire et la philosophie de leur religion ; ils sont tenus, même, à certaines pratiques ; mais le peuple les ignore et n'admet rien autre que l'influence des génies divers auxquels il donne le nom de Bouddhas. La prière n'existe pas. Pour le peuple au moins, toute la pratique religieuse consiste dans l'offrande de quelques aliments ou ornements présentés au bouddha par l'intermédiaire du bonze. Un indigène a-t-il à redouter quelque malheur, à réaliser quelque bénéfice, à obtenir quelque faveur, il fait déposer une offrande sur l'autel du bouddha, et croit ainsi conjurer sa colère ou mériter sa bienveillance.

Pagodes[1]. — Il n'y a pas de village sans pagodes : la campagne en est couverte, et toutes se ressemblent. Une vaste construction précédée

---

1. Les pagodes sont construites et entretenues soit par l'État, soit par souscription publique. Une partie des revenus des biens communaux est affectée à cet usage.

d'une cour plantée de banians, d'hibiscus ou autres arbres à fleurs, d'un arbre spécial dit le Ouatier des pagodes (*eriodendron anfractuosum*), de deux ou quatre superbes colonnes surmontées de vases fantastiques en faïence bleue et blanche. Le temple, largement ouvert sur le devant, à toiture excavée, surmontée d'un faîtage allégorique de dragons hérissés, est soutenu par des colonnes de bois dur ornées de sculptures, fleurs, feuillages, animaux fantastiques, dragons lançant du feu et autres chimères. A l'entrée, ordinairement précédée d'un bas-relief orné de lions et de dragons, deux énormes statues en stuc laqué et doré, représentent des guerriers pansus aux terribles allures ; le génie du bien et le génie du mal, toujours en lutte l'un contre l'autre, disent les indigènes ; souvent un cheval et un éléphant également en stuc. Sur les côtés, d'énormes gradins supportent les statues, généralement grossières, des diverses incarnations de Bouddha, des génies ou des bienfaiteurs de la pagode.

Au fond, le tabernacle sombre, occupé par le premier Bouddha, accroupi sur un large fauteuil, la main droite élevée, l'index et l'indicateur étendus, et abrité par un immense parasol. Un store de soie ou de fines lanières de bambous ferme, ordinairement, le tabernacle, devant lequel brûle constamment une veilleuse. A proximité, un faisceau d'armes, hallebardes, piques et emblèmes divers, etc., en bois doré. Des animaux symboliques accroupis constituent la garde d'honneur. Devant chaque statue, une large table laquée et dorée, sur laquelle sont disposées les offrandes, aliments et fleurs. Partout enfin, des panneaux incrustés de nacre, et couverts de devises, de sentences et de louanges aux ancêtres. Dans les pagodes dites royales, le tabernacle est précédé de deux grues gigantesques, tenant au bec la fleur sacrée du lotus, et le pied reposant sur le dos d'une tortue. La grue, dit la tradition, vit cent ans : la tortue plus longtemps encore ; c'est le souhait de longévité fait au souverain.

Dans toute pagode, on trouve des gongs, d'énormes caisses-tambours, des triangles, puis des cloches cylindriques à bord légèrement évasé et sans battant. On frappe directement, à l'aide d'un marteau de bois garni de chiffons, sur un point déterminé de la face externe de cette cloche. Parfois on rencontre également, appendue à quelque poutre, une énorme pierre de granit, taillée en forme de croissant à bords tranchants. Cette pierre est un autre genre de cloche qui rend, sous l'action d'un marteau de bois, des tintements très sonores.

Certaines pagodes sont consacrées à la mémoire des bienfaiteurs du pays.

Il en est une, à Hanoï, dédiée à deux princesses de l'Annam, qui n'hésitèrent pas à réunir les femmes du pays, et à prendre les armes, pour combattre et mettre en déroute une armée chinoise devant laquelle les soldats annamites fuyaient affolés. La pagode des Dames (sic) est un véritable couvent cloîtré, où les femmes seules sont admises. La bonzesse est nommée à l'élection de ses compagnes.

Elle doit faire vœu de virginité et porter les cheveux courts. Ses compagnes, également vouées au célibat, se livrent avec elle aux exercices habituels de piété.

La pagode est entretenue aux frais de l'État. Sur les côtés sont disposées les statues des femmes courageuses qui se sont dévouées à leur pays. Le sanctuaire, fermé par une superbe boiserie sculptée, contient les statues des deux princesses libératrices. Elles sont représentées, le diadème au front, et revêtues, l'une de la robe jaune des reines, l'autre de la robe rouge des combats. A côté sont disposés de superbes trophées d'armes.

La légende raconte que les Chinois, à la suite de cette guerre si heureusement conduite par des femmes, décrétèrent, pour elles, la torture du petit pied; voulant ainsi les condamner à l'impossibilité de marcher et de combattre. Les Annamites résistèrent et échappèrent à cette pratique. Aujourd'hui encore, on peut estimer que les femmes sont, au Tonkin, supérieures aux hommes dont elles n'ont ni la bassesse, ni l'humilité.

D'autres pagodes sont consacrées au culte de Confucius; elles sont plus rares dans le pays. A Hanoï, on cite la pagode dite des corbeaux ou des lettrés. C'est une vaste succession de bâtiments séparés par des cours plantées de super os banians. Dans l'une des cours principales se trouvent de nombreuses stèles en pierre, ayant pour socle un dos de tortue. Ces stèles sont, dit-on, des ex-voto où se trouvent reproduits, en caractères Chinois, soit des maximes de Confucius, soit, parfois, le texte même du diplôme de lettré offert en hommage à la divinité. La pagode des lettrés, richement dotée, parfaitement ornée, est entretenue par les grands mandarins.

Fêtes périodiques. — Rarement, seulement à l'occasion de certaines fêtes consacrées par la tradition, il y a des manifestations d'un culte public;

quelques bizarres processions où des ornements,
parfois d'une remarquable beauté, sont promenés
par des gens en haillons, hurlant et gesticulant
sous le vacarne effroyable du gong et du tam-tam.
Souvent encore, dans la pagode même, de copieux repas formés des victuailles préalablement
offerts au bouddha. Mais, en dehors de ces fêtes
périodiques, le temple est abandonné ; et nul,
autre que le bonze, ne s'occupe de la divinité.
J'ai eu occasion d'assister à quelques manifestations religieuses. Je vais essayer d'en raconter
une, observée à Hanoï.

A l'entrée de la pagode, assis au fond d'une
estrade élevée, un bonze revêtu de superbes ornements, la tête recouverte d'un bonnet carré
richement décoré, les joues creuses et pâles à la
manière d'un ascète, les yeux abrités sous de
larges lunettes, paraît suivre, sur un livre placé devant lui, les chants sacrés que nasillent, sous le
charivari du tam-tam, de la flûte, du gong et des
cymbales, cinq ou six assistants accroupis à ses
pieds. Quelques lampes fumeuses éclairent la
scène. Devant le bonze, un énorme plat de riz
surmonté d'un cochon rôti et laqué. De temps à
autre, suivant les indications du texte placé sous
ses yeux, et les inflexions du chant, le bonze

gesticule sous un rythme cadencé. Ses doigts, aux ongles crochus, longs de plusieurs centimètres, s'entrelacent, s'étendent, se recourbent, se ferment, formant autant de signes cabalistiques, exécutés avec la régularité, la componction des augures anciens ou des prestidigitateurs modernes.

De temps à autre, le bonze, ordinairement un vieillard, chante seul une ou deux phrases de cette lente mélopée habituelle aux Orientaux. Alors, les chantres assistants reprennent, accompagnés d'un redoublement de tam-tam, de gong et de cymbales. Sur les côtés de l'estrade, d'autres assistants déguenillés agitent des éventails autour des officiants. En bas, le peuple grouille, singeant le bonze, riant, causant, fumant ou mangeant. On se croirait en présence de l'un de ces théâtres de Guignol si populaires en France. La pagode sombre, mystérieuse, malgré les nombreuses lampes qui l'enfument bien plus qu'elles ne l'éclairent, demeure cependant à peu près déserte. Devant chaque statue, sur une table couverte de superbes brûle-parfums remplis d'encens et de bois odorants, sont déposés les mets, fruits et fleurs, offerts par les fidèles. Et, dans ce singulier temple, chacun circule, parle haut, boit, mange, fume, joue ou dort, sans souci des marques apparentes du respect qu'exige habituellement un culte. Seuls, nos officiers et soldats se découvrent, voulant témoigner ainsi leur déférence pour les traditions d'un pays.

Dans les cours et rues avoisinantes, des animaux fantastiques : chevaux, dragons, oiseaux, éléphants en carton, des monceaux de lingots d'or et d'argent en papier, sont entassés pêle-mêle, attendant l'apparition du jour pour être brûlés en l'honneur des ancêtres. Ainsi sont éloignés les mauvais génies et méritées les faveurs des bouddhas bienfaisants. Pratiques bizarres, sans principes arrêtés, sans unité d'action, où chacun paraît honorer à sa manière telle divinité dont il craint les châtiments ou sollicite les faveurs.

Dans une pagode voisine, le spectacle varie. C'est une scène de conjuration. Un homme, le visage recouvert d'un voile noir est assis dans l'immobilité, en face de la statue du principal bouddha. Deux femmes se tiennent à ses côtés, et chuchotent, tour à tour, à ses oreilles, ce qu'elles attendent de son pouvoir occulte. L'homme demeure longtemps dans l'extase. De temps à autre, cependant, il se frappe la poitrine et le dos. Le tam-tam, les cymbales, le gong deviennent alors frénétiques : les hurlements de

quelques assistants redoublent, sans empêcher les
autres de manger ou de fumer. Pendant cet in-
fernal sabbat, les femmes s'animent, gesticu-
lent, se penchent tour à tour à l'oreille de l'officiant, et lui parlent avec volubilité, sans lui
laisser un instant de répit. Enfin, l'une d'elles
dépose à ses côtés un poignard.

Tout à coup l'officiant s'en saisit, et se fait
sur la langue plusieurs incisions dont le sang
s'écoule en abondance. Un papier est placé devant lui : il s'en empare, le lèche avec frénésie,
l'imprègne de sa sanglante écume, puis le dé-
coupe en longues bandelettes qu'il jette alternativement à chacune des femmes chargées de
l'interroger. Enfin, au paroxysme de l'excitation,
il tombe inanimé dans les bras de ses clientes,
revient bientôt à lui, se relève et se retire, non
sans avoir échangé avec nous un regard scepti-
que, pour aller, à côté de là, fumer la pipe d'o-
pium que lui ont préparée ses adeptes.

Tout près, dans une autre pagode, se passe
une cérémonie analogue. Au fond, dans son
sombre réduit, la statue du bouddha, à peine
éclairée par quelque lumière, au milieu d'une
épaisse fumée d'encens. En avant, sur un siège
placé devant une table de laque chargée de riz,

de cochon, de fruits et de fleurs, un jeune indigène, le visage et la tête recouverts d'une étoffe rouge, paraît dans l'extase. A ses côtés, deux autres indigènes penchés vers son oreille, récitent alternativement des invocations. De temps à autre, une femme voilée se penche à son tour à son oreille, et lui parle avec volubilité. Puis, tout à coup, comme poussé à bout, inspiré par une invocation, l'initié fait des gestes convulsifs de dénégation, arrache le voile qui couvre sa tête, et se retire pour se mêler à la foule.

Ordinairement le patient est un jeune homme, mis par un initié en possession de quelque esprit diabolique dont le nom se trouve écrit sur son front, sa poitrine et ses mains. Ainsi préparé, il est étourdi par le vacarme, peut-être par quelque breuvage particulier ; et le prétendu devin profite de son état pour questionner et invoquer l'esprit qu'il croit en lui.

Le sorcier, on le voit, est populaire au Tonkin. Veut-on savoir où se trouve un objet perdu, volé ; quel est l'auteur d'un crime ; quel remède doit être prescrit à un malade, dans quel endroit il importe d'inhumer le corps d'un parent, quelle fille doit être choisie pour épouse, et quel jour doit être célébré le mariage, etc., etc.? vite on

s'adresse à lui. Moyennant finance, le sorcier
évoque, par des incantations, tel esprit dont il se
dit en possession, et dicte une réponse devant
laquelle chacun s'incline. De telles pratiques
sont, dit-on, défendues et même punies ; mais
l'autorité, au moins depuis notre présence ici,
paraît bien impuissante à les empêcher.

Culte des ancêtres. — J'ai dit le culte des ancêtres constituant, à peu près, toute la pratique religieuse [1]. Et cependant, pour la très grande majorité, il n'y a rien au delà de la mort. Pour les
lettrés, le corps s'anéantit dans le repos du Grand-
Tout. Quelques-uns admettent une sorte de mé-
tempsycose, une transformation successive plus
ou moins rapide et perfectible suivant les mérites
acquis pendant la vie. Pour le peuple, il n'y a rien
au delà du tombeau, ni peines ni récompenses ;
c'est le néant. Et pourtant, les honneurs rendus à
la mémoire des ancêtres sont sacrés. Il n'est pas
de famille, si misérable soit-elle, qui ne consacre,
dans son domicile, un sanctuaire aux ancêtres.
Ce respect, ces pieuses pratiques laissent sup-

---

1. Il serait peut-être plus rationnel de dire : Pratique sociale.
En effet, ce culte ne s'adresse qu'à des êtres qui ont fait partie
de la famille, et n'a d'autre but que la protection des vivants par
les morts.

poser la croyance à quelque principe immatériel !

L'âme ; telle n'est point l'expression dont il faut se servir ici ; les indigènes ne la conçoivent pas séparée du corps. La mort, disent-ils, est le fait du maléfice d'un méchant génie, auquel il faut disputer l'esprit du défunt. Si les génies du mal, en effet, ne réussissent pas à s'en emparer pendant le trajet du domicile mortuaire au lieu de la sépulture, l'esprit du défunt revient dans la maison habitée pendant la vie, et ne la quitte qu'avec les membres de sa famille. Ainsi s'explique le luxe des enterrements.

Funérailles. — J'ai eu l'occasion d'être témoin de plusieurs cérémonies funèbres. Ordinairement, au moins chez les familles riches, le trajet du domicile mortuaire au lieu de la sépulture est garni, de distance en distance, d'autels somptueux, analogues aux reposoirs de nos processions. Certains assistants portent des banderolles ou étendards, disant, en longues inscriptions, les regrets des parents et des amis ; d'autres, des autels, des tables recouvertes de mets fumants, de fleurs, de baguettes d'encens, de lingots de papier doré allumés de distance en distance pour éloigner les mauvais esprits. Cet immense cortège, en haillons, précède un splendide baldaquin sur lequel repose le cercueil. Ce baldaquin, destiné à recevoir l'esprit du mort, alors qu'il quitte le corps, au moment de la mise en terre, est entouré d'un certain nombre d'officiants qui ont pour mission d'écarter les mauvais esprits par leurs vociférations, et par le vacarme des instruments divers (gong, tam-tam, triangle, cloches, etc.). Seul, le fils aîné, à qui incombent dorénavant les soins du culte, marche à reculons devant le cercueil, la tête recouverte d'un immense chapeau de paille, voûté à la manière d'un vieillard, et s'appuyant péniblement sur un bâton (Cay-vong), pour indiquer qu'il est incapable, par suite de son chagrin et des fatigues imposées par la dernière maladie du défunt, de marcher sans un puissant appui. Sa main gauche, enveloppée d'un pan de sa robe blanche (couleur du deuil) est appliquée sur sa bouche, pour signifier qu'il ne doit parler à personne. Les autres parents suivent le cercueil, cachés sous un immense dais en toile blanche. Parfois des enfants courent en avant du cortège, et se roulent à terre. Les porteurs doivent passer sur eux, sans se détourner ; alors, ces enfants se relèvent pour recommencer la même pratique un peu plus loin.

Au moment de la mise en terre, le vacarme

redouble ; les fumées d'encens deviennent plus épaisses, les lingots de papier doré et, souvent, les vêtements du défunt sont brûlés en masse. C'est la minute solennelle, le moment où les génies méchants concentrent tous leurs efforts pour s'emparer de l'esprit du défunt, l'empêcher de se réfugier sous le baldaquin, à l'abri duquel il doit réintégrer le domicile de la famille.

A l'annonce d'un décès, les parents ont consulté le sorcier pour fixer l'endroit de la sépulture. Généralement, les sépultures sont disséminées dans toute la campagne. Dans certaines villes, seulement, il y a des cimetières.

Tout individu possède, longtemps à l'avance, le cercueil plus ou moins orné dans lequel il doit être déposé. C'est un cadeau fort apprécié entre amis et parents.

Marcher sur une tombe ou la déplacer, même pour cause d'utilité publique, est un crime que le génie préposé à la garde des sépultures punit toujours. Back-Kïu, Back-Kïu ! crient les Annamites en fuyant affolés de terreur, alors que, par hasard, ils rencontrent, sous leurs pas, des ossements privés de sépulture.

Tel est ce pieux respect des morts, que l'Europe pourrait envier à l'Asie.

7° Gouvernement

J'ai montré le gouvernement confié, sous la
haute puissante autorité du roi, aux mandarins
et lettrés. Les lettrés forment l'aristocratie du
pays. Il n'y a pas de titres héréditaires. Quiconque a étudié, est devenu savant, peut arriver aux
plus hautes dignités. Chaque province est soumise à la juridiction d'un Tong-Doc, sorte de
vice-roi muni de pleins pouvoirs. La province
est partagée en plusieurs Phu, ou préfectures ;
chaque Phu en Huyên ou arrondissement ; chaque arrondissement en Tong ou canton, et en Xa
ou commune.

Dans chaque village, il y a un notable qui est
analogue de notre maire, assisté d'une sorte de
conseil municipal élu.

L'État ne reconnaît d'autre contribuable que
la commune ; et c'est au maire qu'incombe la
charge de recueillir et de verser les impôts à la
caisse du Quang-Bo (receveur provincial). Cette
manière de procéder donne lieu à de continuelles
exactions.

La fonction de percepteur est purement hono-
rifique : mais l'individu qui en est investi sait la
rendre fructueuse.

Le notable d'un village vient-il chez le Quang-
bo, verser la contribution de son village, et
présente-t-il seulement la somme exacte qui lui
est imputée : « Soit, reprend le mandarin, at-
tends ici. » Et on le fait attendre ainsi trois,
quatre ou cinq jours, obligé qu'il est de nourrir,
loin de chez lui, le nombreux personnel dont il
est généralement accompagné.

A-t-il, au contraire, la possibilité d'augmenter
du quart, souvent de la moitié, la quotité de la
somme qu'il doit réellement ; immédiatement le
mandarin palpe, lui délivre un reçu en bonne
forme, et lui rend sa liberté. Il a assurément, ainsi,
moins dépensé qu'en attendant ; mais lui-même
est obligé aux mêmes pratiques vis-à-vis de ses
administrés.

S'il en était autrement, l'impôt serait véritablement très modéré, et le peuple ne serait point
réduit à l'affreuse misère dont nous sommes les
témoins écœurés.

C'est ainsi qu'un Tong-doc, dont les appointe-
ments légaux sont, dit-on, de 1,200 à 1,500 fr.,
se crée de 2 à 300,000 fr. de revenu ; les exactions sont qualifiées cadeaux.

Tout fonctionnaire est politiquement obligé
d'agir ainsi, non seulement pour consacrer son

influence dans le pays, entretenir, comme autrefois nos barons féodaux, la petite armée dont il est le chef, donner des fêtes, construire des pagodes, mais encore, pour se garantir par de riches présents à la Cour, ou se racheter des peines auxquelles il est journellement exposé, sous les plus futiles prétextes, dès qu'on le suppose, en haut lieu, suffisamment enrichi.

Ainsi s'explique encore la misère apparente de certains propriétaires qui, pour échapper à la rapacité des mandarins, savent cacher leurs lingots d'or ou d'argent, et ne les dépenser qu'à l'occasion de quelque grande fête.

Au point de vue de la perception des impôts, la société est divisée en catégories distinctes[1]. L'impôt personnel légal, perçu sauf de nombreuses excep-

1. Les inscrits de 1re classe (hommes de 25 à 55 ans exempts d'infirmités) payent une ligature deux tiéns (soit environ 750 sapèques) et un bol de riz. Les inscrits de 2e classe (artisans, fils de mandarins illettrés, jeunes gens de 18 à 20 ans) payent 6 tiéns (250 sapèques), et un bol de riz. Trente bols de riz pèsent 26 à 27 kilogrammes. Pour l'impôt foncier, les rizières sont classées en trois catégories, suivant leur degré de production. Il y a, en outre, onze subdivisions de terrains classés suivant la nature de la culture. La quotité de l'impôt direct est ordinairement bien déterminée; mais l'impôt indirect, varie beaucoup, c'est lui surtout qui permet les exactions habituelles aux mandarins.

tions, varie d'une à deux ligatures (soit un ou deux francs). Il y a également un impôt foncier, ordinairement payé en nature, suivant la qualité et les productions de la terre. Le riz ainsi ramassé est conservé dans d'immenses magasins pour les besoins de la troupe et de certains fonctionnaires, et comme réserve pour les temps de disette. Un soldat est payé à raison d'une ou deux ligatures par mois, et 30 kilos de riz.

Les fabricants de papier, de peignes, d'étoffes, de soie, les bateliers et pêcheurs sont également astreints à une petite redevance.

Justice. — La justice est rendue au nom du roi, par les mandarins, qui l'exploitent d'une manière indécente, cependant passée dans les mœurs.

Un arrêt n'est ordinairement qu'une solution au gré du plus offrant. La loi (lô) est, ainsi, journellement violée.

Les peines sont : l'amende, la prison, le travail forcé sous la cangue (sorte de longue entrave plus ou moins lourde passée au cou du coupable), la cadouille (flagellation sur les reins à l'aide d'une verge fine et flexible), le röy ou bastonnade à laquelle le patient succombe très fréquemment, les entraves aux pieds dans l'immobilité horizontale, l'exil, fort rare, enfin la mort par décapitation ou par écrasement.

Le vol est, dit-on, puni de mort. Habituellement, les paysans se contentent de couper le tendon d'Achille à tout pirate surpris par eux, le mettant, ainsi, dans l'impossibilité de recommencer avant longtemps. La piraterie, en effet, est la plaie du Tonkin. Des malheureux, le plus habituellement réduits à la misère par l'exaction de leurs chefs, se réunissent sous l'autorité de l'un d'eux, et s'en vont piller les villages qu'ils savent insuffisamment gardés. Souvent, notamment dans les villages riverains, ils enlèvent les filles et les enfants qu'ils vont, ensuite, vendre comme esclaves et filles de joie [1] ; ayant soin, pour empêcher les cris de leurs victimes et, par conséquent, les poursuites, de les endormir à l'aide de quelque drogue narcotique, et de les coucher à fond de cale. Tout individu convaincu de piraterie est revêtu de la lourde cangue, porteur d'un immense écriteau qui relate son crime, précédé d'un crieur public et conduit au billot où il doit être décapité. Mais, le plus souvent, les bandes de pirates sont soudoyées

1. A Hong-Kong.

par des mandarins qui en tirent un grand profit, et échappent ainsi à l'action de la justice. Nos soldats, heureusement, sont incorruptibles et plus expéditifs.

Les mandarins, pour l'instruction des crimes suivis d'accidents graves ou de mort, se servent de dessins schématiques, représentant les diverses régions anatomiques du corps, la nature des organes lésés, et la gravité possible des blessures suivant la région frappée [1].

Il est rare qu'une instruction criminelle soit terminée sans l'intervention des sorciers qui ont le prétendu pouvoir de faire découvrir, notamment, les recéleurs et les endroits où sont cachés les objets volés.

L'exécution capitale ne peut être pratiquée, en principe [2], qu'après la sanction du roi ; mais, souvent, le prisonnier, dont les parents sont impuissants à gratifier le mandarin, meurt de misère ou de faim au fond de quelque cachot, avant l'arrivée de la décision royale.

1. Dans le crime de haute trahison, toute la famille (ascendants et descendants jusqu'à un degré fort avancé), est rendue responsable et subit la même peine que le coupable. La fiancée elle-même n'est point épargnée.

2. Parfois le Tông-Dôc est investi de pouvoirs étendus e peut décider l'exécution capitale, sans attendre l'ordre du roi.

Le peuple est corvéable à merci : il doit tout son temps au mandarin à qui il plaît de l'employer à quelque travail d'utilité publique, ou même personnelle.

J'ai signalé la misère apparente ou réelle de la très grande majorité des indigènes, et, cependant, les ressources alimentaires du pays sont à vil prix. La monnaie courante est la sapèque, petite pièce d'argile et de zinc percée d'une ouverture carrée ; un franc de notre monnaie représente 7 à 800 sapèques. Il faut un homme pour porter une somme de 20 francs ainsi convertie [1]. Et quelques sapèques (15 ou 20) suffisent pour se procurer le riz d'un copieux repas.

Dans le grand commerce, la piastre et ses divisions, la barre d'or et d'argent, de valeur variable, sont seules en usage. Il y avait, autrefois, dit-on, en Annam, de véritables billets de banque : ils sont inconnus aujourd'hui.

Vétements. — Il n'y a pas de distinction bien apparente dans les vêtements des divers membres de la société. Les malheureux sont couverts de haillons. Les mandarins, les lettrés et les riches portent une sorte de robe courte d'étoffe

---

1. 600 sapèques valent une ligature ; une ligature pèse 1250 à 1300 grammes.

noire, boutonnée sur les côtés ; sous celle-ci un large pantalon fixé à la ceinture à l'aide de cordons. Selon que la saison est plus ou moins chaude, ils se couvrent d'une ou de plusieurs de ces robes, qui sont alors de couleurs différentes (jaune, rouge ou verte).

La tête est couverte d'un riche turban de soie ou d'un chapeau conique en paille laquée, à bords très évasés.

La chaussure n'est qu'une mince sandale, fixée à l'aide d'une courroie passée entre le gros orteil et le quatrième métatarsien, puis nouée autour du cou-de-pied ; parfois, une sorte de botte en étoffe de soie avec une épaisse semelle en feutrage. Plus souvent encore, riches et pauvres marchent pieds nus, les premiers étant toujours portés en palanquin, dès qu'ils ont à se déplacer de quelque distance. Un certain nombre de parasols (un, deux ou quatre), sortes de dais en papier laqué, accompagnent le palanquin, et indiquent la dignité du fonctionnaire qui s'y trouve abrité.

Les femmes riches portent des robes analogues à celles des hommes, mais plus longues, plus étroites du corps, fixées par une large ceinture de soie rouge ou verte, et s'appliquant bien sur les hanches.

Elles ont la tête couverte d'un large chapeau (en moule de moulin), sur les côtés duquel pendent des glands en soie, et de larges rubans flottants.

La chaussure n'est, chez elles, qu'une étroite sandale à bec de corbin fort élevé, et embrassant, seulement, la partie antérieure du pied.

Elles ont les poignets et les jambes garnis de bracelets et portent, parfois, des bijoux d'un remarquable travail.

8° Fêtes annuelles, Jeux publics

Les indigènes n'ont, on le voit, de luxe ni dans leurs vêtements, ni dans leurs habitations, ni dans leur alimentation. Ils savent s'en passer et se contenter du strict nécessaire. Mais ils n'hésitent pas à sacrifier toutes leurs économies, à vendre, même à perte, tout ce qu'ils possèdent pour se livrer au plaisir, à l'occasion de quelque fête périodique. La plus importante de ces fêtes commence, sous le nom de Thôt, à l'occasion du renouvellement de l'année. L'année est partagée en douze mois lunaires ; le mois comprend deux périodes : lune croissante, lune décroissante. Il y a sept jours dans la semaine, et douze heures dans le jour ; la nuit est le plus habituellement divisée en veillées de 2 à 3 heures, chacune régulièrement frappée, dans tous les quartiers, par des gardes de nuit.

La fête du Thêt varie, suivant le cours de la lune, entre le 30 janvier et le 20 février. Elle est fixée par les astrologues et sorciers ; elle dure huit et souvent quinze jours. Il est, alors, impossible d'obtenir aucun travail ; les indigènes sont tout au plaisir et dépensent, en vêtements neufs, en joyeux repas, en feux d'artifices, en illuminations, en ornements pour l'autel des ancêtres, etc., etc., toutes les économies réalisées pendant le long espace précédent.

Parmi les jeux, l'un des plus curieux est, assurément, le suivant : les bonzes, mandarins et autres gouvernants réunissent les jeunes gens et les jeunes filles d'un même canton, et leur font exécuter, sur le terrain, les manœuvres qu'ils exécutent eux-mêmes sur un jeu d'échecs placé devant eux. Filles et garçons, habillés de leurs plus beaux atours, sont porteurs de petits drapeaux représentant chacun une pièce distincte du jeu d'échecs. Sur un signe des mandarins, ils exécutent, sur le terrain, la progression des différentes pièces sur l'échiquier. Il en résulte des feintes, des surprises, des agaceries entre filles et garçons qui amusent beaucoup les spectateurs. Cela vaut, assurément, la danse, et a, presque toujours, pour conséquence pratique, quelque demande en mariage.

Une fête analogue a lieu vers les premiers jours du cinquième mois, mais elle est moins importante.

CHAPITRE II

8° État sanitaire. — Maladies diverses

L'inobservance des principes les plus élémentaires de l'hygiène, dans un pays aussi insalubre que le Tonkin, suffit pour expliquer l'état débile de ses habitants, et la courte durée de la vie. Habitations malsaines, vêtements insuffisants, nourriture détestable : il n'en faut assurément pas davantage. Les naissances sont nombreuses, mais la variole enlève, chaque année, au moins le quart des enfants. La virilité est tardive et la longévité fort rare. Quand survient quelque grave maladie, la lutte devient inégale ; le dénouement est généralement fatal. La superstition engendre plus de remèdes qu'il y a de maladies, et le médecin sorcier peut ici, presque aussi bien qu'en Europe, vivre honorablement de la bêtise humaine. Les amulettes sont toutes-puissantes. Tout agonisant est entouré de parents et d'amis qui écartent le mauvais esprit par d'incessantes lamentations, accompagnées parfois d'un véritable charivari.

Fréquemment des enfants malades, appartenant à des familles pauvres, sont confiés aux Missions catholiques qui, sous charge de les soigner, surtout de leur donner un cercueil en cas de mort, acquièrent le droit de les baptiser. Quand ces petits malades guérissent, ils sont adoptés, instruits, entretenus par les Missionnaires, et deviennent des prêtres ou d'utiles fonctionnaires. Souvent, on rencontre, à la porte d'une pagode ou de l'habitation de quelque mandarin, un malheureux mourant d'épuisement et de misère : on ne s'en occupe pas. A peine daigne-t-on le couvrir de quelques haillons. Il est sans famille, il ne compte pas dans la société, et la charité n'est pas la vertu des indigènes. Les fous et les lépreux, seuls, sont l'objet de la pitié publique et savent, du reste, la réveiller lorsqu'elle devient paresseuse. Un lépreux se présente-t-il sur un marché, chacun lui fait don de quelque provision. Malheur à qui n'a rien ajouté à la besace : le lépreux se précipite sur l'étalage et choisit ce qui lui convient ; et l'avare marchand, redoutant sans doute la contagion, est obligé d'abandonner tout ce qui a été touché.

Dans les grandes villes, seulement, à Hanoï notamment, et grâce surtout aux missionnaires français, les lépreux, leurs femmes et leurs enfants sont parqués et nourris aux frais de l'administration. Il leur est alors interdit de quitter le cantonnement. Ces malheureux paraissent, du reste, renoncer sans regret à leur liberté : les places vacantes sont toujours ardemment convoitées.

Parmi les maladies les plus fréquentes, il faut citer les fièvres paludéennes, l'anémie cachectique, la diarrhée et la dysenterie, les affections du foie, la phtisie, les rhumatismes, et la variole chez les enfants.

Parmi les affections externes, dominent les adémites, les abcès, les ulcères chroniques, toutes les maladies de la peau, la conjonctivite simple ou purulente, l'uréthrite et les chancres mous. La syphilis est rare, spéciale, dit-on, à certaines provinces, en rapport plus fréquent avec les Européens.

J'ai cru retrouver chez les Européens qui habitent le Tonkin, l'état anémique habituel aux

ouvriers employés à la construction des grand
tunnels. La température n'est pas très élevée
mais l'air est constamment saturé d'humidité, a
détriment sans doute de ses éléments les plus vi
vifiants. Il en résulte un état d'alanguissemen
fort remarquable. Les influences cosmiques
pluie, électricité, chaleur, lumière, favorisent vi
siblement l'éclosion et la marche de certaine
maladies. L'inappétence est l'habitude pendan
la mauvaise saison. Il y a, alors, une grande ten
dance aux affections gastriques, notamment aux
congestions viscérales. Les moins éprouvés su
bissent un amaigrissement progressif rapide, une
pâleur de mauvais aloi. Chez plusieurs, on con
state une exagération des fonctions du cœur qu
bat, souvent, 120 pulsations et, très raremen
moins de 70, sans chaleur fébrile cependant.

Un mot seulement sur chacune de ces maladies.

Fièvre paludéenne. — La fièvre paludéenne es
le fléau du Tonkin ; elle s'y montre, sous le
formes les plus diverses. Le marais et la forêt
non les rizières, sont les véritables foyers de
l'impaludisme. Il est certain que les formes graves
sont beaucoup plus rares dans le Delta, où la culture constitue un véritable drainage, que dans l

région des premiers plateaux et des forêts. Soit action plus active du poison, soit imprudence commise, peu de voyageurs, en dehors du Delta, échappent à son action. Les indigènes n'hésitent pas à habiter au milieu des rizières, et même dans le voisinage de marécages remplis de palétuviers ; mais, bien que la population atteigne, dans le Delta, une densité qui ne se rencontre peut être nulle part en France, ils ont une véritable terreur de la région des montagnes broussailleuses où, cependant, les marais sont beaucoup plus rares.

Le pays, au delà de Hong-Hoa, sur le fleuve Rouge, de Lang-Kep sur la route de Lang-Son, est réputé pour son insalubrité aussi préjudiciable, paraît-il, aux indigènes qu'aux Européens. Quelle que soit, du reste, la région, les travaux qui exigent de grands déplacements de terre sont pernicieux. Les terrassements de Haï-Zuong, de Phu-Li, de Phu-Lang-Tuong, de Lang-Kep, de Chu, etc., ont décimé nos soldats ; presque tous ont été atteints d'un état cachectique fort grave. Chez eux et chez les colons, la plus grande fréquence et les formes les plus redoutables ont été observées dès le 15 avril, jusqu'à la fin de juillet.

L'influence des premières pluies, avec alternance de sécheresse, est manifeste. Dans les montagnes et forêts, où l'inondation n'existe pas, la différence est peu sensible.

Le type quotidien, puis le type tierce dominent. L'accès simple ne dure pas, ordinairement, plus de quatre heures, s'observe plus souvent dans l'après-midi, et cède, facilement, à quelques prises de sulfate de quinine. Il n'y a pas de véritable accoutumance contre l'élément palustre : les anciens colons ne sont pas plus épargnés que les nouveaux venus. Les indigènes résistent plus facilement aux formes graves : les Européens paraissent beaucoup plus impressionnables. Les insolations, les refroidissements, les marches forcées, les excès quels qu'ils soient, y prédisposent visiblement. Les tirailleurs Africains (Turcos) n'ont pas mieux résisté que les Européens ; on peut même dire que, chez eux, l'anémie cachectique (peut être en raison de leur fréquentation plus facile des femmes du pays) a été plus persistante. Les Européens ont contracté plus facilement la diarrhée et la dysenterie. Les adolescents sont plus impressionnables que les hommes mûrs. La durée de l'incubation, à peu près indéterminée, varie cependant avec la constitution du sujet, et l'intensité du miasme.

Au Delta, la forme algide a dominé dans les cas graves. La forme délirante ataxique (fièvre furieuse des indigènes), et la forme comateuse, la plus redoutable de toutes, sont, disent les missionnaires, plus fréquentes dans la région des montagnes. C'est à la forme comateuse que succombent la plupart des voyageurs. Parfois les fièvres délirante et comateuse sont accompagnées d'épistaxis abondantes qui précèdent la réaction, et sont réputées de bon augure pour la guérison. Il n'en est point ainsi des hématuries, assez fréquentes aussi, et considérées comme mortelles.

On observe encore une forme bilieuse, ordinairement mortelle ; la rate, alors, est réduite en bouillie putrilagineuse, et le foie, également ramolli, est énorme.

J'ai été parfois témoin d'une forme syncopale, que les injections sous-cutanées de bisulfate de quinine m'ont seules paru capables d'enrayer. On signale aussi une forme dysentérique ; mais alors le diagnostic est douteux ; l'intermittence, peu prononcée, ne se montre qu'au début. La fièvre est presque continue, et le sulfate de quinine, même en injections hypodermiques, est

ordinairement impuissant. C'est la forme à laquelle a succombé, à son retour de la colonne de
Bac-Lé, mon jeune collègue, le docteur Claude.

Les formes graves, ai-je dit, sont plus fréquentes dans les montagnes. Les indigènes les décri-
vent sous le nom générique de fièvre des bois.
Cette fièvre, disent-ils, ordinairement précédée
d'un état gastrique très prononcé, présente les
trois stades caractéristiques (frisson, chaleur et
sueur). Le frisson est ordinairement terrible,
parfois d'une durée de plusieurs heures, et suivi
d'une transpiration abondante, accompagnée de
délire. Après un premier accès, le malade tombe
dans un état complet de prostration : il demeure
longtemps insensible, il a perdu la mémoire ; le
sens du goût et du tact sont très amoindris, ou
même abolis. Souvent, à la période de chaleur,
succède une violente entéralgie, mais sans diarrhée ni dysenterie. Toujours, si le malade
échappe à un premier accès, il est atteint d'un
état cachectique avec œdème longtemps persis-
tant, et fatalement mortel pour tout Européen
qui s'obstine à la lutte.

Les indigènes attribuent la fièvre des bois à la
mauvaise qualité de l'eau infectée par les feuilles mortes. Le miasme terrible, disent-ils en-

core, ne s'étend pas très loin au delà des forêts.
C'est un miasme lourd, maintenu sur place par
les broussailles, le repos de l'air, l'absence du
soleil. De fait, on l'observe partout où la couche
argilo-ferrugineuse du sol inculte présente une
végétation touffue.

J'ai souvent constaté, dans le Delta même, des
accès de fièvre rémittente d'une durée de huit à
dix jours, suivie d'un répit de cinq à six jours, et
d'un retour de durée variable. Fréquemment,
cette fièvre rémittente a simulé les débuts d'une
fièvre typhoïde; mais son évolution et la marche de la température imposent le diagnostic, et
l'action toujours favorable du sulfate de quinine
confirme son origine paludéenne. Mes collègues,
MM. Nimier et Baudot l'ont étudiée d'une manière spéciale.

La multiplicité des remèdes employés par les
indigènes contre les manifestations de la fièvre
paludéenne dénote leur peu d'efficacité. Parmi
les plus employés, je signale la décoction de poudre de noyaux d'aréquiers (bïn-lang), mélangée
aux racines de la grande scorsonaire (manch-
man) ; la décotion d'une espèce de dichroa
(shuong-san) réputée très efficace dans la fièvre
des bois ; l'infusion des feuilles d'un pulégium

(bathà) ; la décoction sudorifique des grains de l'aralia-palmata (ngü-gia-bi) en renom à Phu-Lang et dans la province de Lang-Son ; celle des racines du procris-simensis (bach-chi) etc., etc.

Le sulfate de quinine, le quinquina lui-même paraissent inconnus des indigènes, et ne sont guère en usage que chez les missionnaires.

Je n'ai rien à dire de l'état cachectique qui succède aux fièvres paludéennes. Il est la règle dans le pays, et ne m'a pas paru différer sensiblement, sauf sa gravité, du type décrit dans tous les traités classiques.

9° Les maladies du foie

Les maladies du foie sont fréquentes, relativement plus nombreuses, je crois, chez les Européens que chez les indigènes. J'ai eu occasion d'en observer un certain nombre ; j'ai pu constater que les débuts, fort insidieux, de la maladie, passent, le plus souvent, inaperçus, aussi bien du malade qui accuse, à peine, quelques vagues malaises, que du médecin appelé seulement alors que la maladie est en pleine évolution. Il est de toute évidence que les grands mangeurs, les buveurs, notamment les alcooliques, les individus obèses y sont prédisposés ; mais il est également certain que la sobriété n'est pas une garantie absolue.

La congestion du foie évolue presque fatalement vers la suppuration, d'une manière parfois tellement insidieuse que le diagnostic demeure souvent fort indécis. Mes collègues et moi, nous avons constaté, par l'autopsie, des abcès qui n'avaient même pas été soupçonnés pendant la vie. Le plus ordinairement alors, les malades avaient été atteints de dysenterie ou de diarrhée réfractaire à tout traitement : et l'autopsie montrait, en outre des lésions intestinales habituelles, soit une énorme collection purulente, soit plusieurs petits abcès disséminés dans toute la masse du foie parfois réduit à une simple coque. Cette observation nous avait amenés à pratiquer la ponction capillaire exploratrice, sous le moindre indice, souvent même alors que la palpation et la percussion laissaient le diagnostic incertain.

Parfois ainsi nous avons découvert un abcès à peine soupçonné. L'incision large et profonde d'emblée était alors notre pratique habituelle ; le seul traitement consécutif consistant en injections abondantes d'eau phéniquée, renouvelées plusieurs fois par jour à l'aide d'un tube de caout-

chouc maintenu dant la cavité de l'abcès. Malgré
de réels succès, la guérison définitive n'a pas été
la terminaison habituelle. La mort a toujours été
la conséquence de l'abondance de la suppuration
et de l'émaciation du sujet, épuisé déjà par la
dysenterie ou la diarrhée.

Les congestions, les abcès ne sont évidemment
pas les seules maladies du foie qui existent au
Tonkin. Nos observations nous permettent seulement d'affirmer leur plus grande fréquence relative. Je n'ai pas eu, personnellement, occasion
d'en observer aucune autre ; et mes collègues,
je crois, n'ont pas été beaucoup plus favorisés.
Tout au plus, mes conversations avec les missionnaires et quelques médecins indigènes permettent de supposer la fréquence des hydatides.
Certains médecins indigènes, en effet, n'hésitent
pas, alors qu'ils ont acquis, par la palpation la
certitude d'une collection liquide du foie, à lui
donner largement issue. Ils se servent d'un petit
couteau très effilé, et incisent en ponctionnant
« Lorsqu'il sort du pus, me disait l'un d'eux, la
guérison est l'exception ; mais s'il s'*écoule de
l'eau claire*, elle est presque certaine ». Cette
eau claire est probablement le liquide dans lequel
ne rencontre les hydatides. Je n'ai pu, cependant,

obtenir à cet égard de renseignements précis

Il va de soi qu'avant cette intervention chirurgicale, le malade a été soumis à une médication aussi variée qu'inutile. Je cite en passant, la décoction des racines du santalum-album (huynsdon), des fruits de l'eriobatriza (son-tra), des feuilles de mélisse (Tu-tô), des fleurs de la colosia margaritacéa (Ha-Kai-Thao), des grains de l'aralia palmata, etc., etc.

Vers intestinaux. — La multiplicité des remèdes employés par les indigènes contre les vers intestinaux suffirait également à démontrer leur fréquence au Tonkin. Nos soldats n'en ont point été indemnes : bon nombre ont été atteints de ténias, et surtout de vers lombricoïdes. Le ténia inermis paraît le plus habituel, et n'a généralement pas résisté à la potion de pelletiérine, ou à la prise de quelques capsules d'extrait éthéré de fougère. Souvent une simple purgation au calomel a suffi pour l'élimination de plusieurs vers lombrics, parfois quinze ou vingt. Je n'ai pas eu occasion d'observer d'autres variétés de vers intestinaux.

Diarrhée. — On peut dire que presque tous nos soldats, et même les officiers, ont été atteints de diarrhée, ordinairement de courte durée quand elle est immédiatement traitée. Malheureusement la plupart négligent de se traiter dès le début ; la diarrhée devient alors chronique et réfractaire aux ressources de la thérapeutique.

La diarrhée simple s'observe, surtout, pendant les mois d'avril, mai et juin, presque toujours déterminée par un refroidissement du ventre. L'eau du pays en est peut être la cause la plus habituelle. Les indigènes se contentent de l'eau du fleuve ou des rivières, clarifiée à l'aide d'un morceau d'alun serré dans un sachet de drap. Nos soldats en font autant ou se servent, dans les cantonnements, de filtres très primitifs (futailles garnies de charbon et de graviers). Il est prudent de n'utiliser que l'eau préalablement bouillie (décoction légère de thé) et ainsi débarrassée des nombreux germes et animalcules qui la rendent sinon toujours dangereuse, du moins fort suspecte.

M. Worms a constaté le faible degré hydrotimétrique de la plupart des eaux du Tonkin : c'est beaucoup ; mais cela ne suffit pas pour permettre d'affirmer leur bonne qualité, eu égard surtout aux analyses non moins précieuses de M. l'aide-major Manget qui signale l'abondance des matières organiques, à l'état d'azotites.

J'ai vu les indigènes préférer l'eau boueuse

des rizières à celle parfaitement limpide de certains aroyos. Il est difficile de se prononcer, d'une façon absolue, au moins en ce qui concerne son action sur la production de la dysenterie ; mais j'ai été personnellement témoin, pendant une marche au delà de Lang-Kep, d'accidents d'intoxication que les indigènes attribuaient sans hésiter, à l'usage de l'eau provenant des aroyos transversaux du Song-Tuong. C'était le 17 mars, dans l'après-midi : la 2ᵉ brigade poursuivait l'ennemi chassé de Lang-Kep. La marche fut longue et la chaleur pénible : je remarquai que les coolies attachés à l'ambulance buvaient l'eau boueuse des rizières, et s'abstenaient, la considérant comme dangereuse, de l'eau limpide et fraîche des aroyos rencontrés sur notre route. Je fis part de ces observations au général de Négrier : pas assez tôt, peut-être, pour éviter des accidents. En effet, plusieurs d'entre nous, parmi lesquels le Colonel Duchesne, furent pris, peu de temps après avoir bu, de nausées accompagnées de vertiges, de fourmillements dans les membres et d'une extrême prostration. J'eus rapidement raison de ces accidents, demeurés sans conséquence ultérieure, à l'aide de frictions stimulantes, de potions éthérées ou même d'un vomitif. Il n'y eut aucun accident chez les hommes qui s'étaient abstenus. Je pus constater que les rives de ces aroyos, généralement fort encaissées, étaient couvertes d'une luxuriante végétation composée surtout de solanées diverses (datura géant, stramoine, etc.). C'est, peut-être, à la présence de ces plantes qu'il faut attribuer les accidents dont j'ai été témoin.

J'ai, d'autre part, entendu raconter que plusieurs voyageurs remontant la Rivière Claire, entre Hong-Hoa et Tuyen-Quan, avaient été atteints, pour avoir bu l'eau de cette rivière parfaitement limpide et fraîche, d'accidents graves rappelant l'intoxication mercurielle. Mais je n'ai jamais rien observé de pareil.

L'affection, si bien décrite par nos collègues de la marine sous le nom de diarrhée microbienne de la Cochinchine, diffère, par sa manière d'être et, notamment, par sa longue durée, par ses alternatives de répit et de recrudescence, de la diarrhée ordinairement observée au Tonkin. Il est probable cependant, que la diarrhée dite de Cochinchine se rencontre également au Tonkin, et que des recherches ultérieures, qu'il ne nous a pas été possible d'entreprendre, permettront de découvrir le microbe caractéristique.

Chez les indigènes, la diarrhée, également très fréquente, est, ordinairement, la conséquence de l'abus de fruits verts, dont ils sont véritablement gloutons. Surviennent alors de prodigieuses indigestions, toujours suivies de diarrhées plus ou moins rebelles. Quelques infusions aromatiques, notammeut l'infusion de mélisse, très abondante aux environs de Hanoï sous le nom de Tû-Tô, constitue toute la thérapeutique dans les cas ordinaires; mais si la diarrhée persiste, les indigènes lui opposent les médicaments qu'ils emploient, également, contre la dysenterie.

Dysenterie. — La dysenterie est, en effet, après la fièvre paludéenne, la maladie qui fait le plus de victimes au Tonkin. Souvent elle est précédée de diarrhée; fréquemment aussi, elle éclate d'emblée, s'observant à toutes les époques de l'année, mais surtout pendant l'été. Parfois, l'apparition des selles glaireuses, sanglantes, est une complication de l'état cachectique paludéen, complication d'une extrême gravité, le plus habituellement mortelle. La médication quininée, qui serait dangereuse dans le traitement de la dysenterie simple, m'a seule alors paru capable d'entraver l'évolution fatale.

La dysenterie est plus fréquente dans le Delta

quó dans les montagnes. Les indigènes l'attribuent à une eau de mauvaise qualité, mais surtout à une mauvaise alimentation, aux refroidissements nocturnes, et aux émanations putrides.

La dysenterie est, certainement, contagieuse;
les indigènes l'admettent aussi bien que nous, et
prennent, à cet égard, quelques banales précautions. Toujours, et si courte que soit sa durée,
elle donne lieu à un amaigrissement rapide, la
peau devient sèche et terreuse. Le rapatriement
est alors une nécessité ; peut-être le seul moyen
d'éviter l'évolution ultérieure d'un abcès du foie.

Les médecins indigènes opposent à la dysenterie un grand nombre de médicaments, tous
très riches en tannin. L'un des plus réputés est
la décoction d'un écorce connue dans le pays sous
le nom de Tang-Ma, écorce dont aucun de nous,
du reste, n'a vérifié l'efficacité. En effet, la décoction classique de racine d'Ipéca (4 à 8 gr.
par jour) nous a toujours donné d'excellents résultats. C'est véritablement un médicament spécifique. La calomel nous a rendu également de
réels services. Malheureusement la dysenterie est
sujette à de fréquents retours offensifs qui aboutis-
sent rapidement à la gangrène du gros intestin,
et à la mort dans l'algidité. J'ai été, à plusieurs

reprises, le témoin de terminaisons de ce genre.

La dysenterie paraissait enrayée, souvent il n'y avait pas eu de selles sanglantes depuis plusieurs jours ; le retour des selles jaunes et la rareté des évacuations alvines pouvaient faire espérer la guérison. Le malade cependant, d'une extrême débilité, se plaignait d'un peu de céphalalgie et était sujet à de fréquentes syncopes. Puis on constatait un refroidissement très sensible du corps ; le pouls devenait d'une extrême faiblesse, les battements du cœur étaient précipités et irréguliers, et le *facies* prenait, parfois plusieurs heures avant la mort, un aspect cadavérique qui ne pouvait laisser aucun doute sur une issue fatale.

J'ai fréquemment tenté, contre cet état pernicieux, mais malheureusement sans obtenir la réaction sudorale nécessaire, les injections sous-cutanées d'éther, les frictions stimulantes, les enveloppements chauds, etc. J'ai remarqué que la terminaison de la dysenterie par la mort dans l'état d'algidité était, presque toujours, la conséquence de quelque imprudence dans l'alimentation des malades, presque fatalement suivie d'un retour offensif de la maladie et d'une gangrène rapide de l'intestin. Le régime lacté, malgré la diffi-

culté de son emploi (il n'y a au Tonkin que du lait
concentré de conserve), nous a rendu de grands
services ; mais les malades s'en dégoûtent rapidement, et, malgré les recommandations les plus
pressantes, commettent des imprudences dont ils
ne comprennent pas le danger. Ainsi s'explique
la grande mortalité occasionnée, parmi les hommes du corps expéditionnaire, par cette terrible
maladie qui, je le répète, impose de longues précautions et, surtout, un prompt rapatriement.

Choléra. — Le choléra paraît endémique au
Tonkin ; il y en a chaque année quelques cas
isolés. J'en ai vu, à Hanoï même, chez des indigènes où je fus appelé par les missionnaires ;
mais il n'est pas à ma connaissance qu'il y en ait
eu, en 1884, un seul cas confirmé, parmi les
hommes du corps expéditionnaire.

Le choléra épidémique [1] éclate ordinairement,
pendant l'été, de mai à septembre, par régions
parfois nettement limitées, tantôt sur la rive gauche, tantôt sur la rive droite du fleuve, rarement sur les deux rives à la fois. Il se transmet
de village à village, atteignant surtout les im-

---

1. Le choléra de 1885 qui a décimé nos troupes paraît avoir
été importé de Formose.

prudents et les malheureux mal nourris et mal abrités.

Parfois il éclate brusquement, sans accidents prémonitoires. Les premiers cas sont alors les plus graves ; et cette gravité annonce le passage de la maladie à l'état épidémique. La mortalité est alors effrayante : 8 sur 10, disent les missionnaires. Les hommes, les femmes, les enfants paraissent atteints dans la même proportion.

Fréquemment, disent les médecins indigènes (et les missionnaires l'admettent également) l'invasion du choléra *épidémique* est précédée de l'apparition d'une épaisse vapeur se condensant, même en plein soleil, sur la région qui doit visiter la terrible maladie. Le choléra serait donc, pour eux, le résultat d'émanations terrestres contenant le miasme spécifique, et se condensant sur quelques régions, d'où il se propagerait, ensuite, par contagion directe ??

J'ai eu l'occasion d'observer quelques cas de fièvres pernicieuses algides, reproduisant plusieurs des signes du choléra ; mais, en outre que ces cas sont toujours isolés, ils ne réunissent jamais l'ensemble des symptômes du choléra. Le début n'est pas le même, et le diagnostic devient facile à quiconque a suivi l'évolution de la maladie.

Fièvre typhoïde

Il y a eu, certainement, parmi les hommes du corps expéditionnaire, quelques cas de fièvre typhoïde ordinairement modifiée dans son allure par l'adjonction de l'élément paludéen. L'autopsie, pratiquée à l'hôpital de Hanoï, dans trois cas mortels, ne saurait laisser aucun doute à cet égard. Les malades avaient présenté, du reste, les signes classiques, caractéristiques.

Si j'en juge par la description faite par certains médecins, la fièvre typhoïde n'est pas, non plus, inconnue parmi les indigènes. Une maladie, disent-ils, qui débute par des épistaxis, de la céphalalgie, des rêves agités, qui est accompagnée de ballonnement du ventre, de fièvre continue, d'une extrême prostration, etc., etc., et qui dure 25 ou 30 jours... C'est classique. Elle s'observe chez les hommes et chez les femmes, sans limite d'âge nettement tranchée et, le plus habituellement, sous forme de cas isolés. Il y aurait cependant des exemples de manifestations épidémiques. Chez nos soldats, elle a été très rare, jusqu'à ce jour.

Variole

J'ai dit la gravité et la fréquence de la variole

chez les indigènes. Certainement plus de la moitié des enfants succombe à cette affection. La vaccination est une garantie indispensable pour la sécurité de la colonie européenne ; et les indigènes, si j'en juge par les essais tentés à Hanoï, et par moi-même, autour de Bac-Ninh, s'y soumettent sans difficulté.

Tuberculose, etc., etc.

J'ai signalé, également, la fréquence des affections des voies respiratoires et des rhumatismes. La tuberculose classique fait de nombreuses victimes dans la population indigène. C'est la maladie de misère ; et les observations faites dans certaines familles suffiraient presque pour établir sa contagiosité. Assurément, l'influence débilitante du climat n'est pas étrangère à son évolution, manifestement plus rapide chez les Européens qui en sont atteints.

Scrofule, Syphilis

La scrofule est également fréquente : cependant, on rencontre rarement, parmi les enfants du pays, les signes caractéristiques constatés chez les petits Européens.

La syphilis (Tin-la) n'était certainement pas inconnue des indigènes avant l'occupation. Cependant, disent-ils, et les missionnaires le prétendent également, elle était autrefois beaucoup plus rare, et ne s'observait guère que dans les villes. Les médecins indigènes paraissent, du reste, désigner, sous le nom de syphilis, toutes les affections vénériennes, et même certaines éruptions cutanées d'origine scrofuleuse.

J'ai la conviction qu'il y a, parmi les prétendus lépreux cantonnés près d'Hanoï, un certain nombre de syphilides tuberculo-ulcéreuses, de gommes ulcérées et de nécroses osseuses de même origine. Ce que j'ai vu de la lèpre kabyle, dont l'origine syphilitique ne fait, aujourd'hui, plus de doute pour personne, me pousse à cette supposition que le temps pourra seul permettre de confirmer ou d'infirmer. Jusqu'à ce jour, en effet, les lépreux n'ont été soumis à aucun traitement régulier, et les renseignements qu'ils donnent sur l'origine de leur mal sont aussi insuffisants que suspects.

Les médecins indigènes traitent la syphilis, comme la plupart des affections de la peau, par les fumigations et par l'usage interne d'un médicament ainsi préparé :

Dans une casserole en terre, on mélange, par parties égales, du mercure métallique, de l'acide arsénieux, du camphre, de l'alun, du carbonate de fer (That-Siet), avec la poudre du noyau du Doccus[1]. On recouvre d'une écuelle hermétiquement fixée à la casserole avec de l'argile ; on met sur un feu ardent le récipient ainsi préparé, puis on laisse refroidir. On récolte le sublimé ; c'est le médicament usuel. Il faut en prendre une forte pincée deux fois par jour ; à jeun, quand la maladie paraît se porter sur les membres inférieurs ; en mangeant, quand elle se montre de préférence vers le haut du corps.

Cette médication, que les indigènes disent parasitaire, est également appliquée dans la plupart des maladies de la peau, soit en fumigations, soit en frictions sous forme de pommade.

Alors que des nécroses osseuses ou des séquestres surviennent, il faut, disent les indigènes, enlever les portions nécrosées, râcler l'os jusqu'à la rencontre de l'état sain, puis remplir la cavité ainsi produite avec une bouillie d'os de poule ou de coq récemment tué, selon qu'il s'agit d'une femme ou d'un homme ! La plaie ainsi préparée est recouverte d'un mélange d'écorce de ouatier des

1. Aréquier.

Pagodes (eriodendron-anfractuosum) avec du riz gluant et chaud, maintenu à l'aide de bandelettes de soie. Ce pansement ne doit pas être renouvelé avant trois ou quatre jours. Il est également appliqué au traitement des fractures comminutives avec pertes osseuses, qu'elle qu'en soit la cause.

La consolidation s'obtiendrait ainsi très rapidement ; parfois un mois, au plus, après l'accident. Le traitement des fractures simples comporte les mêmes applications, sous des planchettes maintenues autour du membre à l'aide de liens en bambous.

Lèpre

La lèpre, ce résultat probable de l'encombrement, dans des habitations malsaines et humides, d'individus mal nourris et épuisés par la misère, est très répandue au Tonkin. Elle est relativement plus fréquente dans le Delta que dans la montagne où, paraît-il, on ne l'observe qu'accidentellement. Les indigènes admettent qu'elle est héréditaire et contagieuse. Il suffit, disent-ils, pour la contracter de se revêtir des effets d'un lépreux, de s'asseoir sur un siège souillé de son urine, de marcher pieds nus là où il a uriné et même sur sa tombe, si ancienne soit-elle, alors qu'elle est recouverte d'herbes et de rosée. Simples croyances populaires assurément dénuées de preuves certaines.

La contagion directe n'est, elle-même, pas démontrée, puisque les femmes des lépreux continuent à vivre avec leurs maris, en ont des enfants qui deviennent ordinairement lépreux, et échappent fréquemment à la maladie.

Les différentes variétés de lèpre, se présentent toutes ici. La maladie, à marche plus ou moins rapide, débute ordinairement par un épaississement de la peau, notamment à la face et aux oreilles, suivi de l'apparition, sur une surface blafarde, de taches d'un rouge violacé.

Souvent elle s'annonce par une dégénérescence linéaire d'un orteil, qui ne tarde pas à s'indurer, à devenir douloureux et volumineux, puis à s'étrangler au niveau du pli digital palmaire, où se constate une ulcération bientôt suivie de la gangrène et de la chute de l'orteil. Fréquemment le pied tout entier, parfois une portion de la jambe, ou bien la main et l'avant-bras subissent la dégénérescence, se recouvrent de tubercules, puis s'ulcèrent, se gangrènent et tombent, laissant à leur place un moignon difforme qui ne tarde pas à être lui-même envahi. Les os ne sont pas un obstacle ; ils finissent par se nécroser et se détacher des tissus mous. C'est la lèpre humide, la lèpre anesthésique mutilante des auteurs, moins douloureuse, paraît-il, que la lèpre sèche.

Chez les enfants de lépreux, l'affection n'éclate ordinairement qu'à la puberté, se manifestant par de vives douleurs articulaires avec engourdissement des membres, ou bien par un épaississement rapide de la peau du visage et des oreilles, bientôt semée de taches livides et écailleuses. Souvent, alors, l'élimination des tissus se fait sans ulcération préalable, et la guérison est possible ; c'est la lèpre sèche, beaucoup plus douloureuse que la précédente, et, paraît-il, également fréquente.

La lèpre acquise par contagion peut guérir, disent les médecins indigènes ; mais la lèpre héréditaire est incurable. Le traitement consiste dans l'application de poudre de Réalgar $-\frac{3}{6}-$, alun, $-\frac{1}{6}-$ et poudre d'écorce de Hoang-nam $-\frac{3}{6}-$. Ce mélange est également employé comme médicament interne. La décoction et les emplâtres de feuilles de ciguë (ngo-rung) sont d'un usage habituel contre les atroces douleurs qu'occasionnent parfois les ulcérations.

Eléphantiasis

Toutes les manifestations de l'éléphantiasis se rencontrent au Tonkin, mais relativement plus fréquentes dans les montagnes, dans les vallons étroits, sombres, que dans le Delta proprement dit. Il n'y a, cependant, rien de précis à cet égard. Certaines régions, connues pour leur insalubrité, redoutées pour la fièvre qui y règne en permanence, sont indemnes d'éléphantiasis ; d'autres, dans les mêmes conditions d'insalubrité, en présentent de nombreux cas. La maladie serait également plus fréquente parmi les rares indigènes employés à l'exploitation des mines. Elle débute par un engourdissement des membres ou parties du corps qui doivent être envahies, par des démangeaisons atroces, bientôt suivies de vives douleurs et d'intumescence progressive des tissus. L'évolution se fait en 7 ou 8 mois. La guérison est exceptionnelle. La maladie serait héréditaire et non contagieuse.

Ulcère Annamite

Je ne crois pas à la spécificité de l'ulcère dit annamite. Il n'est rien autre, selon moi, que

l'ulcère atonique diphtéroïde des pays chauds et
humides. La fatigue, la malpropreté, la marche,
jambes et pieds nus dans des terrains maréca-
geux, surtout les grattages provoqués par les
piqûres d'insectes, notamment par celles des
moustiques, suffisent pour le déterminer. La
contagion n'est pas absolument prouvée : elle
paraît probable. Il est certain, du moins, que
la présence, dans une chambre occupée par
des blessés, d'individus atteints d'ulcères annamites, constitue un réel danger pour ces blessés. Comme dans tous les pays chauds et humides, la cicatrisation des plaies est, au Tonkin,
fort lente ; souvent entravée soit par la pour-
riture d'hôpital qui a, certainement, de grandes
analogies avec l'ulcère proprement dit, soit par
une gangrène superficielle.

Suivant les constitutions, l'ulcère annamite
évolue plus ou moins rapidement : j'en ai vu en-
vahir la moitié d'un membre en moins de quinze
jours, chez des sujets lymphatiques, émaciés par
les privations. C'est heureusement l'exception.
Un de ses caractères fâcheux est sa tendance à la
chronicité. L'ulcère se recouvre d'une membrane
diphtéroïde d'un gris sale, sous laquelle évoluent
des bourgeons, saignant au moindre attouche-

mont. C'est ainsi que cette pénible affection immobilise, pour longtemps, ceux qui en sont atteints. Elle a été un véritable fléau pour le corps expéditionnaire.

Les indigènes traitent, non sans succès, l'ulcère annamite par des applications locales, fort douloureuses, d'un mélange de poudre de Réalgar avec des sels d'étain, de mercure et différentes plantes riches en tannin. Mes collègues et moi, nous avons tenté plusieurs procédés. Tour à tour nous avons essayé les lavages à l'eau phéniquée, les applications de teinture d'iode, de jus de citron, d'iodoforme, de bismuth, etc., etc.

J'ai obtenu, je crois, les meilleurs résultats par le traitement suivant: application d'un épais gâteau de charpie imprégnée d'une solution au dixième d'iodure de potassium. Cette application, assez douloureuse, fait rapidement disparaître, en moyenne 2 ou 3 jours, la membrane diphtéroïde qui recouvre l'ulcère.

Je la remplace alors par la teinture alcoolique d'aloès. Le pansement doit être renouvelé au moins une fois par jour; et le repos horizontal est indispensable pour les malades atteints aux membres inférieurs.

La durée de l'ulcère annamite est variable; un

mois en moyenne, admettent mes collègues : j'ai
constaté, après 15 ou 20 jours du traitement que
je préconise, des guérisons d'ulcère que parais-
saient n'avoir pas influencé les traitements an-
térieurs. Parfois j'ai eu recours aux pointes de
feu pour limiter la marche envahissante de la
maladie.

Insolations, Coups de chaleur

J'ai signalé les principales maladies observées
au Tonkin : *je n'en ai pas fait une étude complète,
j'ai dit seulement ce que j'ai pu voir.* Je n'ai
parlé ni de la rage, que je n'ai pas eu occasion
d'observer une seule fois, bien qu'elle soit très
fréquente dans le pays ; ni de certaines affections
parasitaires, filaire du sang, dystome des bron-
ches, dengue, etc., etc. Il y a beaucoup à étu-
dier, beaucoup à apprendre ici : Ce sera l'œuvre
des médecins du temps de paix.

Pendant la période des luttes incessantes, des
continuels déplacements, il n'était possible que
de prendre quelques notes rapides : c'est ce que
j'ai fait.

L'insolation est un danger permanent au
Tonkin. Souvent l'homme insolé tombe foudroyé,

sans connaissance et seulement agité de quelques mouvements convulsifs ; il a la respiration pénible et anxieuse, le pouls large et lent, et succombe une ou deux heures après sa chute ; même, parfois, après avoir pu répondre à quelques questions. Plus fréquemment, on observe les épistaxis, la rougeur de la face, la jactitation, la tendance au sommeil, caractéristiques des cas légers.

J'ai pu également, deux ou trois fois, observer la forme syncopale, notamment chez mon collègue M. L... Les trois manifestations classiques, congestion cérébrale, syncope, asphyxie, s'observent selon la prédominance sanguine, lymphatique ou nerveuse des sujets ; suivant, aussi, l'état de réplétion de l'estomac. Elles doivent être traitées différemment :

Les affusions froides répétées, les ventouses, la saignée, les vomitifs, dans les cas de congestion cérébrale avec réplétion de l'estomac ; la respiration artificielle, les affusions froides, les frictions énergiques sur les membres inférieurs, quand domine la forme asphyxique ; ingestion de quelques gouttes d'éther pur, dans la forme syncopale. J'ai eu souvent recours à ce dernier procédé pour provoquer de grands efforts de respiration.

En route, j'avais toujours sur moi un flacon d'éther. J'ai pu, ainsi, agir avec la rapidité indispensable, et faire cesser des accidents qui eussent pris, rapidement, un caractère de haute gravité. Je recommande la même pratique.

Ce qu'il faut, surtout, c'est agir promptement. Nos soldats doivent recevoir une instruction spéciale à cet égard, et savoir secourir leurs camarades atteints, aussi bien que se garantir eux-mêmes. Malheureusement, il est dans notre caractère de négliger les précautions les plus banales. Malgré des recommandations réitérées, j'ai pu voir, souvent, des hommes du régiment de France, se promener en plein soleil, tête nue même pendant les heures réglementairement consacrées à la sieste. Que de fois j'ai été appelé pour des accidents qui n'avaient pas d'autre origine. De telles imprudences ne sont pas commises par les soldats de l'infanterie ou de l'artillerie de marine, toujours sévèrement punis lorsqu'ils négligent les précautions hygiéniques ordonnées par le commandement.

Pendant les marches, même le matin, même pendant la belle saison, aussi bien sous le ciel couvert que sous un brillant soleil, il faut avoir la tête couverte du casque et non du simple képi ;

le couvre-nuque est tout à fait insuffisant[1]; il faut éviter les lourdes charges, les vêtements serrés, etc., etc., redouter, surtout, la marche pendant les heures chaudes de la journée.

Les Turcos ne résistent pas mieux que les Européens ; les Annamites, toujours très légèrement vêtus, n'ont été que très exceptionnellement atteints. J'ai eu occasion d'observer plusieurs cas d'insolation dans une compagnie de Turcos se rendant de Phu-Haï à Hanoï. C'était le 24 juin : ordre avait été donné, à cette compagnie, de rentrer d'urgence à Hanoï. Le capitaine partit après la soupe : il était onze heures du matin, la distance à parcourir ne dépassait pas 6 kilomètres, et le ciel était couvert. Vingt hommes, au moins, furent atteints ; deux tombèrent foudroyés, et, malgré le traitement le plus énergique, succombèrent deux ou trois heures après leur entrée à l'infirmerie. Un officier eut un accès, heureusement passager et sans conséquence, de véritable folie furieuse.

Pendant les marches autour de Lang-Kep, 5, 6, 7 et 8 octobre, les mêmes accidents se renouvelèrent. Pendant le combat du 8 octobre, cent hommes, peut-être, furent atteints : dix ou

1. Large salacco en liège ou moelle de sureau.

douze succombèrent, parmi lesquels le lieute-
nant-colonel Chapuis, foudroyé après deux at-
teintes légères, pendant qu'il entraînait le régiment à l'assaut du réduit.

La disparition rapide des premiers accidents
ne met, malheureusement, pas toujours à l'abri
des complications ultérieures. Un sergent-major
du 23°, parfaitement rétabli, en apparence, a été
atteint, quelques jours après, d'une méningo-en-
céphalite à laquelle il a succombé. On pourrait
citer de nombreux exemples analogues. C'est
dire assez quelles précautions sont indispensables
pour éviter les insolations et coups de chaleur.

Chirurgie de Guerre

J'ai pratiqué, à la suite de divers combats,
plusieurs graves opérations chirurgicales. Toujours notre installation fut plus que modeste ;
toujours j'ai manqué des aides, parfois même des
ressources nécessaires.

A la guerre, il faut savoir se contenter de peu ;
j'ai agi rapidement, malgré l'insuffisance de l'installation, parce que j'avais acquis la conviction
qu'il faut, au Tonkin, plus que partout ailleurs,
savoir prendre une décision rapide, et imposer

de douloureux sacrifices. Les balles des fusils Chinois, tous fusils à tir rapide, produisent, comme les nôtres, des désordres beaucoup plus étendus qu'apparents ; et, malgré les conquêtes de la chirurgie conservatrice, il faut, ici, renoncer à des tentatives de conservation qu'il serait sans doute possible de réaliser sous un autre climat. Les complications des plaies constituent, au Tonkin, un danger souvent au-dessus des ressources de la médication antiseptique. On sait les nombreuses gangrènes et pourritures observées dans les hôpitaux d'Hanoï et d'Haï-Phong. La mort en est la conséquence la plus habituelle.

J'ai toujours pansé mes amputés avec une solution au millième de bichlorure de mercure. Je crois cette solution meilleure que l'eau phéniquée. Elle a du moins l'avantage d'exiger une moindre quantité du médicament antiseptique, et, par conséquent, un approvisionnement plus facile : ce dont il faut tenir grand compte dans l'aménagement, forcément restreint, de nos cantines médicales.

Conclusion

J'ai dit ce que j'ai vu.

Le Tonkin est incontestablement malsain ; et

ses productions agricoles sont limitées, autant en raison du climat que de la nature du sol.

Nos braves soldats, surmenés de fatigue en raison de leur trop petit nombre, mal abrités, et parfois forcément mal nourris, ont tous subi l'action pernicieuse des miasmes délétères. En quinze mois, le corps expéditionnaire a perdu le quart de son effectif, soit par la maladie, soit par le feu, soit par des évacuations indispensables sur la Mère Patrie.

Ce ne sont point de suffisants motifs de découragement.

Le Tonkin pacifié deviendra sûrement une belle colonie, incontestablement meilleure que la Cochinchine.

Sans doute, pour tous, soldats et colons, les premières années seront pénibles, douloureuses. Le commerce d'importation pour les indigènes sera fort restreint; le commerce d'exportation réduit seulement au riz et à quelques rares productions. — Les régions dites minières sont à peine connues, et leur richesse fort problématique.

Il y aura de nombreuses déceptions pour les ardents. Mais, peu à peu, l'hygiène aura raison. Et les tenaces, ceux qui auront été prudents, seront récompensés de leurs efforts.

Donnons à nos braves soldats non plus les tristes gourbis ou baraques qu'ils habitent actuellement, le plus habituellement sans autre couchage que le lit de camp, mais bien des casernements analogues à ceux si bien aménagés de l'infanterie de marine à Saïgon ; sachons les vêtir légèrement, comme il convient pour le pays ; fournissons-les de pommes de terre, de légumes frais ; n'hésitons pas à décider leur retour en France dès qu'ils ont été affaiblis par la maladie... Alors, mais alors seulement, ils auront la force de résistance nécessaire, alors seulement il suffira d'un très petit nombre d'entre eux pour pacifier et dominer tout le pays.

La région des plateaux, broussailleuse et inhabitée, sera mortelle, dit-on, pour les Européens. On en a dit autant de la Cochinchine, plus encore peut être de la plaine de la Mitidja, ce tombeau des Chrétiens, disaient les Arabes. Aujourd'hui, la plaine de la Mitidja est fertile et salubre : aujourd'hui la mortalité, chez les colons de la Cochinchine, est à peine plus forte qu'en Europe. A l'œuvre donc : Courage et persévérance ; le succès est là !

TABLE DES MATIÈRES

CHAPITRE I

CHAPITRE II

Châteauroux. — Typ. et Stéréotyp. A. MAJESTÉ.